社交氛围感

UNDERSTANDING BODY LANGUAGE

How to Decode Nonverbal Communication in Life, Love, and Work

［美］**斯科特·劳斯** 著
Scott Rouse

吕韦熠 译

谨以此书献给我的母亲
与父亲，感谢你们所做的一切。

目 录

前　言　iv
使用指南　vi

第1章　**为何学习肢体语言** / 001

　　背后的驱动力　003
　　肢体语言的科学原理　010
　　文化差异　013
　　成功的秘诀　016

第2章　**热　身** / 021

　　从社交媒体开始　023
　　政客们的隐藏之道　029

第3章 **与朋友和家人一起训练** / 037

　　解读社交聚会　039

　　分歧中的表现　053

第4章 **约会中的信号** / 065

　　如何判断事情是否进展顺利　067

　　警惕：约会进展不顺利的表现　078

第5章 **面试场景中的肢体语言解读** / 091

　　面试进展顺利时的表现　093

　　面试进展不顺时的表现　103

第6章　职场中的肢体语言 / 115

职场中的基本性格　117

投资推介会上的肢体语言　125

如何正确解读你的年终总结谈话　132

如何分析公司会议　139

结　语　147
致　谢　148
拓展阅读　149
参考文献　152

前　言

　　欢迎阅读本书，恭喜你已经迈出了学习非语言沟通的第一步。无论你是一位初学者，还是这个领域的专家，相信本书都能让你受益。我们将从肢体语言的基本常识开始，逐渐渗透到日常生活面对的各种情况，通过对肢体语言的分析来做出决策。

　　51年来，我致力于观察、研究并体会周围每一个人的行为。在还小的时候，我就会有这样的疑惑：为什么人们会对他人有截然不同的判断？为什么他们会迷恋、喜欢一些人，却讨厌、排斥另一些人？为什么妈妈在坏人开口之前，就可以未卜先知般地产生出一种"警惕感"？为什么做医生的爸爸仅仅通过简单的问询，就能知道病人在撒谎呢？长期的好奇和思考使我渐渐明白了这究竟是怎么一回事，我也因此可以很容易地把所思所想表达出来。

　　书中的一些内容，我也曾经在其他场合向警察、医生、护士、艺人、军职人员、调解机构的调解员、各大企业的高管们分享过。当然，因为信息的敏感性，有些在执法部门分享的内容不会记录在本书中。但在可以分享的领域，我必将知无不言。你阅读这本书时，也请不要忘记批判精神。谨记——凡事无绝对。我们对非语言暗示的解读，不一定是百分百正确的。比如，对于某人环抱双臂，一般的解读是他对正在发生的事情不感兴趣，抱持封闭的姿态。但也有可能，事实是他当下觉得很冷，或者他就是习惯如此。

最后，在引入本书用法之前，也请记住：有关于"肢体语言"，世间的各类专家已经做了成千上万的研究，科研成果与日俱增。我们每天观察到的肢体动作都在传递着信息，而这些信息或许就是影响决策的关键。读完这本书，你就会明白这些信息究竟是什么。

使用指南

一切随意！我相信随便翻到本书的任何一页，你都能学到一些东西。

当然了，要充分利用书中介绍的信息，最好的方法还是从头开始。我们将从小事开始，全面、细致地学习肢体语言的基本知识。有了一定的基础，你就能够透过现象看到本质（比如某人表现出来的状态——欺骗、愤怒、自信等）。这些本质能够帮你做出关于这个人以及当下情况的判断，也可以帮助你疏离或接近他们。所有练习都可以在家里进行。用不了多久，你就会自然而然地开始识别新闻人物、网络主播、朋友和家人展露出的线索，而肢体语言传达出来的信息也会变得越来越明晰。

本书被由浅到深地划分成了不同阶段。入门后，我们面临的第一个阶段就是"热身阶段"。在这一阶段，我们会探讨如何正确地观察别人，并使用现实生活中每天经历的场景反复进行模拟练习。观察是需要技巧的，我们不能像看动物园里的动物一样去窥伺别人，否则势必会招来反感。因此，家庭练习十分有必要，还有谁比你更适合去观察你举杯畅饮的家人和朋友呢？随着练习渐渐深入，面对的场景也会愈加复杂。你的约会进展如何，是一切顺利还是暗藏玄机？你的朋友声称在星巴克遇见了一位明星并和他共饮咖啡，你怎么知道他是不是在骗你？在所有的这些场景中，有哪些肢体表达是具有共性的呢？面部表情？语气？肩膀的动作？很快我们就能发现每次互动的相似之处有多么明显。

第1章 为何学习肢体语言

是想参加解谜类型的真人秀?
是想更好地了解你的约会对象?
是想知道哪个政客说的是真的?

也许你是一名企业家,即将进行一场融资演讲,你想利用每一个潜在工具来帮助你获得投资。

又或者,你只是单纯地好奇,想更多地了解人们行为背后的方式和原因。

不管出于什么原因,这一章都是你的起点。首先我们要讨论的,就是最需要磨炼和密切关注的技能——观察。

观察是一项复杂的技能,我们第一步要学会的就是捕捉。只有先捕捉到非语言行为,我们才能继续学习如何分析、理解面部表情和肢体语言,进而再建立自己的观察风格。观察风格是因人而异的。有些人喜欢研究微表情,另一些人对肢体动作表现出更大的兴趣。没有偏好的也大有人在,如果你不确定自己的兴趣所在也完全没有关系。

好啦。接下来请深呼吸,放松心情,让我们共同开启这段奇妙的旅程。

背后的驱动力

对大多数人来说，对肢体语言的最初兴趣来源于甄别欺骗的渴望。我们不想落入对方的圈套，因而会从各个维度去分析他人，在这之中，肢体语言是最直观的。发展到今天，这个领域对大众而言已经完全不陌生了，各种相关的书籍、在线专栏、网络视频不胜枚举，我们的大脑则像海绵一样，不断地吸收着这些知识。

我们都知道，各种非语言的暗示蕴含着信息。对方可能会对你撒谎，对你生气，或是瞧不起你。那么，为什么这些信息可以通过动作和反应传递出来呢？要解答这个问题，就要理解人类大脑运作机制的一环——"边缘系统"（Limbic System）。边缘系统会让每个人在受到刺激时做出十分类似的反应，其中之一就是"或战或逃反应"（fight-or-flight rosponse）。虽然边缘系统的作用不单是引发应急反应，但该反应是我们最关注的功能。

当较大的刺激出现时，比如枪响，或你的朋友从壁橱里跳出来吓你，在边缘系统的影响下，人往往会开启"保护模式"。在这种模式下，人会立即下意识地移动手臂，来保护心脏、喉咙、腹部等区域。嘴巴会不自觉地张开，这样就可以快速呼吸，为逃跑做准备。你的大脑令眉毛扬起、脸颊下沉，使得眼睛尽可能瞪大，从而在最短的时间内收集眼前能接收到的所有信息。

还有那些比较复杂的情况。假设你的朋友向你询问一个私人问题，而答案除了你，世界上没有第二个人知道。这个时候边缘系统也会被触发，但是大脑不会立刻判定有危险，因而也不会有特别的反应。可如果他告诉你他已经知道了你的秘密……想象一下那种油然而生的压力。你会僵住，动弹不得，只有瞳孔放大。你会目不转睛地盯着对方，眼睛都不眨一下。虽然惊吓的来源同刚刚提到的前一种情况完全不同，反应却是如出一辙。大家可能都遇到过相似的情景，也都目睹过类似的反应，只是还不知道如何解读。

说到这种相似情景，还有一个非常完美的例子。19世纪末，法国神经学家杜兴·德·布伦（Duchenne de Boulogne，又名Guillaume-Benjamin-Amand Duchenne）对每天都会看到的微笑进行了研究。通过电生理学实验，他发现真正的微笑和虚假的微笑有着明显的区别。当一个人发自内心地微笑时，眼角周围的肌肉会收缩，进而产生"乌鸦脚似的"皱纹；而假笑只牵动颧骨附近的肌肉，使嘴角向上翘，因为它们只是在完成大脑下达的指令。这一现象后来也被称为"杜兴微笑"。

了解了这一知识，再看到别人因微笑产生的眼纹时，你会感觉更加亲切。

同样，当人们试图隐藏情绪时，也会产生微表情等微小的非语言暗示。就像大脑的边缘系统会对刺激产生反应一样，人脸也会对不同的情绪产生反应。因为面部表情会出卖自己，所以人会尽可能地抑制它。

（看到这里，你可能会觉得内容太过学术或有些无聊。抱歉让你产生这样的想法，但是我不得不介绍这些知识。这样你才会对这门科学的起源和先驱有所了解，这些了解最后也会让你在观察时变得更加专业。我保证，无聊的部分就要结束了。）

掌握一定原理之后，你就可以真正地观察他人的行为，而且这种观察和你过往的经历是截然不同的。你会开始发现，当有人不诚实时，他的表现有多么明显，仿佛他的额头上有一个醒目的红色感叹号，并且尖叫的警报声不绝于耳。

同样的道理也适用于我们将要讨论的其他情绪。情绪是无法遁形的——不试图隐藏，情绪的外露便会显而易见；试图隐藏，它们也会以微表情的形式出现，并泄露出来。

你知道吗，人类的面部有43块控制面部表情的肌肉。（谷歌会说42块，那是因为它没有把舌头算进去。）这43块肌肉可以产生超过10000种不同的面部表情！然而，在数量惊人的诸多表情中，只有7种被认为是"通用的"。通用表情包括愤怒、喜悦、悲伤、厌恶、恐惧、惊讶和蔑视。之所以判定它们是"通用的"，是因为20世纪60年代末保罗·埃克曼（Paul Ekman）博士的研究表明，当面对相应的刺激时，地球上的每一种文明都会通过面部表情表现出这7种情绪，而且这种表达是具有高度共性的。在那个年代，埃克曼博士出版了共12本书，成为研究肢体语言和面部表情的巨擘。

虽然大多数人认为"微表情"也是埃克曼博士率先引入的，但是实际上，他只是推广了这个概念。"微表情"真正诞生于1966年，是由欧内斯特·哈格德（Ernest Haggard）和肯尼思·艾萨克斯（Kenneth Isaacs）提出的。彼时，他们通过慢放心理治疗师的治疗录影带，探寻治疗师和患者之间非语言交流的线索。我们不会花太多时间研究"微表情"，了解基本概念就足够了。

说　谎

说谎的非语言线索之所以存在，是因为在说谎之前，说谎者的大脑一定会做这三件事：

1. 阻止身体说真话

当人受到刺激，大脑决定说谎时，边缘系统就会开始运作。

它要人们立刻拦住即将脱口而出的真相，把它们咽回肚子里。在这个转瞬即逝的过程中，你可能会看到他们的眼睛瞪圆，瞳孔放大，呼吸变得更加深沉。

2. 编造谎言

撒谎者需要时间来琢磨出一套靠谱的说辞。当然，有些人不是临场发挥，可能心里早就已经盘算好了。

但不管怎样，他们都需要时间。所以，他们可能会以"嗯……"或"唔……"做开场白；他们也可能只是长时间地看着你，然后才开始讲话。

在此期间，你可能会注意到他们轻微地向后移动。

3. 诉说谎言

在谈论的过程中，他们可能会下意识地耸肩。当他们说"不"时，也可能会轻轻点头表示"是"，反之亦然。

按照常理来推论，一个人在说谎时眼神应该是不自信而躲闪的，但事实恰好相反。受大脑的控制，撒谎者会直勾勾地注视你，以确保你相信他。

愤 怒

愤怒者的眉毛是最容易被人注意到的——眉心向中间锁紧，眉毛向下撇，表达着一种强悍的气场。

他们的上眼睑会向下拉，眼睛下方的肌肉会变僵，眼神因而变得有侵略性。有的人会咬紧牙关，下颌的肌肉每隔几秒钟就会屈伸一次。

多数人嘴唇会变硬，向内卷曲，有时会露出上门牙。因为边缘系统介入，判定身体需要更多氧气来应对挑战，因而鼻孔会张开，呼吸更深沉。他们的脸可能会红一会儿，但不一会儿就变白了。这是因为有更多血液被运送到肌肉——说不定他们要采取行动了。

在刻意隐藏愤怒时，人的反应幅度会小很多——鼻孔微微翕动，呼吸稍稍急促。双唇紧闭，眉头微皱，眼神也变得没那么有杀伤力。当然，脸红没有那么容易控制，并且人们在很长时间内都处于这种状态。由于可以掩饰情绪，他们的音量往往会降低。

快 乐

在所有面部表情和行为中，快乐是最令人愉快的。快乐的人会露出真诚的微笑——嘴巴咧开，眼睛眯得恰到好处，脸颊上提，露出嘴角两个深深的酒窝。再听他说话，音量和音调都会变高。想象一下：一次浪漫的邂逅，一个意外的惊喜，或者一次美妙的不期而遇……这些令人快乐的场合总是伴随着微笑。

观察快乐的人时，还要留意一下他们身边的人。你会发现大家都会染上微笑，并且越是关系亲近的人，面部表情和肢体动作就越是相似。情绪会传染，表情和动作也是如此。

顺 从

顺从、焦虑和缺乏自信等情绪的表现有非常高度的一致性，因为我们可以捕捉到大量的"调适性行为"。调适性行为往往细微而具有重复性。在紧张和充满压力的环境中，人会用这些行为来帮助自己放松并平静下来。

例如，焦虑的人会显得无所适从，他们会反复揉搓双手，或者按摩手臂、臀部、腿部或颈部，以期让自己镇定下来。他们呼吸低沉有力，眨眼的频率会增加，双眉会想要凑到一起。此外，这些人的姿势通常是略微前倾的，肩部内收，头向前或向下倾斜，有时会微微摇晃。这些动作的幅度和他们感受到的焦虑程度成正比。

有这些消极情绪的人，会不自觉地让自己看起来更小，免得引起他人注意。所以他们双脚会内收,说话时手会握在膝盖或大腿之间。慢慢你会发现,这些动作其实蛮常见的。

失 落

　　失落的表现相对复杂。有时附带着各种各样的暗示,也有时完全不会有任何迹象表明它的存在。

　　可能的表现有:呆坐不动,头向前探或向下倾斜,也有可能弯曲颈部,让脑袋自然被耷拉的肩膀托住。眨眼的速度放慢,眼睛出神般地聚焦在地板或者随便一个物体上。讲话音调变低,并且在描述某物或做出评价时,语气会显得很沉重。起身走路时,步伐缓慢。请注意,失落的表现是最不容易察觉的。所以,如果你发现自己具备上述这些状态,请放松,让自己振作起来。

　　我们都见过自信的人。他们的姿势就能传达出一种积极的感觉。他们说话的音量恰到好处,响亮但不聒噪。他们擅长用肢体语言来更好地表达自己。自信的人在讲故事或做演讲时,整个人会呈现出一种开放的姿态,会强调特定的单词或语句,并且会同倾听者进行眼神交流。

　　我们也能够很轻易地在自信者身上找到快乐的表现。通常,在一个聚会的场合,他们总是第一个开口交流的人。他们大步流星,步调轻快。他们还会积极地赞美周遭发生的一切,无论什么话题,他们都能够给予积极的反馈。同时,他们还会更多地使用"你和我""我们""咱们"这样的词句,来拉近彼此的距离。

肢体语言的科学原理

虽然专家们对人类行为背后的理论支撑和科学原理意见不一，但现在已经达成的共识是，大脑发育影响行为发展，大脑是与人类行为有关的一切的基础。

在数百万年前人脑发育初期，人脑最重要的功能之一就是捍卫自身安全——保护人体远离环境、动物和其他人类可能会遇到的危险因素的影响。

简单来说，科学家们定义了5种会对大脑产生影响，引起特定行为的外界刺激：

肌肉运动知觉层面的，包括动觉、触觉、知觉等，基本上所有能触摸到的或能感知到的刺激都囊括其中。例如：被烫到，有东西碰到你，等等。

视觉层面的，指一切被眼睛观察到的刺激。例如：一头向你狂奔而来的熊，一只向你挥来的拳，一辆突然冲向人行道的车，等等。

听觉层面的，指耳朵听到的一切刺激。例如：老虎的咆哮，蜜蜂的嗡鸣，枪声，呼啸而过的车轮声，等等。

嗅觉层面的，指鼻子嗅到的刺激。例如：刺激的烟味，天然气的味道，宠物粪便的臭味，等等。

味觉层面的，指嘴巴品尝到的刺激。比如酸、甜、苦等不同的味道。把食物放到嘴巴里，舌头一定会接触到它，并且做出光滑、松脆、冷、热等判断，因此，味觉总是和触觉相伴的。

当这5种刺激中的任何一种出现时，大脑都会产生反应。受环境和刺激来源的影响，这些反应可能是轻微的，也可能是剧烈的。

打个比方，假如你正在全神贯注地看书，看得正起劲时，你的朋友突然在你身后惊声尖叫。此时你的边缘系统会立即触发一个惊讶反应。受此影响，你很可能也会放声大叫。为了保护颈部，你的肩膀会向上提拉，头会向前伸或向下沉。你的手臂会迅速抬起，来保护你的腹部、心脏和肺部。你的膝盖也会上提，保护你的生殖器官。这是一系列下意识的反应，是不受意志控制的。你的大脑——或者更具体地说，大脑的边缘系统主导了这一切。

每一个相似的刺激或相似的情境都会触发相同的反应，这种普遍性的反应是人类与生俱来的，是"天生"的。我们生来就有一个边缘系统在保护我们，这使得我们面对外界刺激时都会有类似的反应。因此我们可以说，反应是普遍的、有规律的（当然，凡事皆有例外，让我们先探讨大多数的状况吧）。

现在让我们来设想另外一种情况。假设你还是在阅读并且陷入了沉思，只不过这次你坐在一棵大树下的长凳上。突然间，你听到了一个奇怪的声音，好像是什么东西正在破裂……这声音从你的头顶传来，你一下子意识到，这是树枝断裂的声音。几乎同时，你的身体已经开始做出反应。你的大脑也在进行复杂的计算，它仿佛在说："嘿，头顶噼啪窸窣的声音意味着有一根大树枝折断了，如果它掉下来，很有可能会击中我。必须立刻逃走，这样才不会有危险！"

于是你从长凳上"腾"的一下站起身来，以最快的速度逃离你所在的位置，任凭书会掉到哪里。你甚至可能纵身跃起然后扑倒在地上，以确保避开所有的威胁。这一系列行为是学习反应和边缘反应的结合。你的理智和逻辑告诉你应该尽快离开那棵树。在你逃走时，你的边缘系统会让你抬高肩膀、压低头部来保护颈部，而你的手臂则依旧并拢向前，为保护心肺、腹部而随时待命。

在同样的情况下，儿童可能无法做出离开大树的判断，因为他还没有学会预测树枝断裂以及随后可能会发生的一系列事件。但是，把儿童放到刚刚上一种讨论的情况中，他的反应与你的反应会是相同的。

在学习面部表情时，我们也会发现先天条件反射和后天习得性反应之间的差异性。正如保罗·埃克曼在他的研究中证明的那样，无论在什么文化背景下，都有7种通用的、具有相同含义的面部表情。

从瑞典到土耳其，从意大利到巴布亚新几内亚，无论你在和谁说话，愤怒、喜悦、悲伤、厌恶、恐惧、惊讶和蔑视等情绪影响下的表情都是十分类似的。至于所有其他的面部表情，尽管它们也可以直观地表达情绪，却可能伴随着不同的解读。

区分先天反应和后天反应的能力是很重要的，因为它可以帮助我们辨别我们正在交谈或观察的人的真正想法和感觉。

抛出一个关键问题时，透过对方的先天反应，我们可以看到对方大脑对"问题"这一刺激的真实反应；对方表现出的后天反应也并不意味着他们在撒谎，只能说，他们在向我们展示他们想让我们看到的反应。

文化差异

2011年到2017年，作为纳什维尔企业家中心的讲师，我负责帮助创业者和初创公司的领导层进行融资。我告诫他们，肢体语言和非语言行为对于赢得投资者的信任至关重要。直到今天，每一位与我合作并接受培训的企业家都得到了资助。我培训了超过一百家公司的领导人，帮助他们筹集了超过4亿美元的资金，使他们的梦想从纳什维尔走到了硅谷，甚至更广阔的远方。至于培训的内容，我都会在书中分享给大家。

在企业家中心工作期间，我曾经开发过一门在线课程。这门课程旨在帮助企业家们通过使用特定的肢体语言来提升信誉、获取资金。上线后，全世界有超过3500名企业家参加。由于学员们来自世界各地，我不得不对不同文化背景下的肢体语言进行关注、分析和解释。

几年以前，一家来自硅谷的初创公司找我合作。这家公司研究机器人和人工智能，确实有一些很棒的想法。首席执行官玛利亚是保加利亚人，首席财务官扬尼斯是希腊人。那次我们的合作非常成功，他们最终如愿以偿得到了融资。但是事情并不是从一开始就那么顺利的。

我们第一次见面是在纳什维尔市中心12层的律师办公室里。代表他们的律师是我的一个朋友，借这个便利，我提前打探了一些有关他们的信息，我知道他们两家住得很近，并且他们都有"另一半"。我习惯在正式会谈前先问一些简单的问题寒暄几句，这有助于让对手放下戒备，或者拉近我和合作伙伴的关系。那天，打过招呼后，我开始问那些我已经知道答案的问题。我问玛利亚："听说你们都住在旧金山对吗？"她笑着说："是的，但扬尼斯在那里工作的时间比我还长。"她边说边摇头。我立刻转向扬尼斯，问道："你们俩住一起吗？"他轻轻地摇了摇头说："没有。我和我的女友住一起，玛利亚和未婚夫一起，不过我们住得很近。"我又转过身去，一边微微点头一边问玛利亚："是这样吗？"她摇摇头道："是的。"

起初我只是觉得有点奇怪，但从那一刻开始，我感到事情确实不简单。扬尼斯的表现是正常的，然而玛利亚所回答的"是"与"不是"和她的肢体动作所表达的恰好相反。她是不是在隐瞒什么？我曾多次遇到过合作搭档玩弄把戏，把伙伴蒙在鼓里的情景，这次也是吗？

我慢慢试探。不管我问什么样的问题，答案都是一样——玛利亚会边说"是"边摇头，或者边说"不"边点头。他们说已经认识对方7年之久了，为什么看上去像刚认识一样？为什么在回答简单的问题时，女士的肢体语言总是如此不协调？他们是不是有什么猫腻？他们在隐藏什么吗？

我一边思考一边同他们闲聊。我问玛利亚："你是走楼梯上来的吗？"

别忘了，这可是一个位于12层的拥有城市豪华窗景的办公室，谁会想要爬楼梯上来？果然，她笑着说："不，当然不是！"边说边点头。那时我突然想到，在保加利亚和阿尔巴尼亚，人们用摇头表示"是"，用点头表示"不"。一定是这个原因！我恨自己太笨，怎么这么久才想到。对大多数人来说，点头表示肯定应该是世界通用的。的确，在非洲、中国、中东和西欧等地确实是这样，但在世界上的许多其他地方，它的意思完全相反。

"你是哪里人？"我问玛利亚。"保加利亚。"她回答。

听到这里，我开始大声笑起来。

"这有什么好笑的？你对保加利亚人有意见吗？"扬尼斯问道。

"哦，不！"我努力止住笑容，"根本不是这样，我发誓一切都很好，我绝对没有恶意。"说到"好"时，我无意中伸出手，竖起大拇指。

还没容我解释究竟是怎么回事，扬尼斯站起身来，皱起鼻子，噘起嘴唇，眉头紧锁。我对这种表情太熟悉了。这家伙恨不得打我一拳。

"先等一下，"我也急忙站起来，举起张开的双手，"请听我把话说完！"

我知道我无意中又冒犯到了扬尼斯，向他们解释也确实花了一些时间。简单来说，在希腊文化中，大拇指朝上代表男性生殖器，举给别人看就是在骂脏话。在撒丁岛和伊朗也是如此。在西非和南美部分地区，这个动作表示"去你的！"。在巴西，它的意思则是"谢谢"。

多么神奇！现在你该意识到，了解肢体语言的文化差异是多么重要的一件事情。其实希腊也不是一个"点头 yes 摇头 no"的国家，说"是"时，他们的头会从左摆到右；说"不"时，他们的头会向后倾斜。对扬尼斯来说，从小在美国长大的他能很好地接受美国版的"是"，然而，竖起大拇指的手势免不了显得有些侵略性。

成功的秘诀

我特别享受和其他人类行为专家在一起交流，格雷格·哈特利（Greg Hartley）就是一位我喜欢的专家。格雷格是美国陆军前审讯员、训练师和肢体语言专家，是肢体语言领域的"大人物"之一。他也是一位成功的作家。我们曾一同坐在餐馆里几个小时，就是为了观察别人，猜想他们身上正在发生什么，并为他们接下来的行动做一些无聊的赌注。

餐厅是观察他人行为最佳的地点之一。在这里，你可以看到来自各行各业不同性格的人。服务员第一次来到桌台前问询、点单、上菜……每个环节都会有不同的动作，有些动作的雷同程度会让你觉得恐怖。

我个人最喜欢观察买单的情形。幸运的话，我们可以看到几个朋友为了抢单相互推搡，甚至扭打在一起。其实谁想输掉这场战斗简直一目了然。随着你的学习越发深入，你会更加轻易地发现不愿付钱的人身上表现出来的压力，还有那些抢单成功却并不情愿的人身上的沮丧和失望。

餐厅的观察可以从某个点开始进行，比如手。看一下别人的手部动作都是什么样的？刚落座的几秒钟，大家可能会表现出相似的行为。有些人会把胳膊肘放在桌子上，身体前倾；有些人会把手垂落在膝盖上；有些人会玩一会儿手机。不一会儿，当服务员来到餐桌前问候他们时，你会注意到同桌几个人开始模仿他人的姿势和行为。但不要紧，将你的注意力保持在他们的手上。

随着闲聊开始，大家的手部动作也会更加放松。他们对周遭的环境越感到舒适，动作也会越随意。不断注意，他们的手都放在哪里？做着什么动作？其实这样也可以帮助你判断自己是否真的对肢体语言感兴趣。可能你会发现"我的天啊……这个人的动作和另一个座位上的人4分钟前做的一模一样！"，也可能你会发现"我怎么什么都看不出来"。不管怎样都没有关系。随着练习慢慢展开，你会适应自己解码非语言行为的风格。可能你只对面部表情感兴趣，毕竟它更直观，更有趣。但别忘了它也是有局限性的。例如，在百货公司门口排队的时候，你根本看不到排在前面的人的脸，当你只能看到他们的后脑勺、手臂、腿和躯干时，又该如何捕捉信息呢？

谨记：着眼于小事。

他们的姿势是怎样的？

身体摇摆表示他们感到厌烦；懒懒地倚靠在购物车上表

明他们完全放松，不为周围发生的事情而感到威胁；脖子伸直表示集中注意力；头向后仰表示不耐烦；手臂交叉环抱在胸前，要么是个人习惯，要么意味着他们感到寒冷、无聊、愤怒。

他们的手是怎样的？

双手无意识地摆弄着什么东西，说明他们在思考某件事情；一只手拿着手机，另一只手划动、浏览，表明他们希望事情进展更快一点；如果双手提着购物篮，头和身体向后仰，那说明他们已经无聊到极点了。如果只有一只手提着篮子，那另一只手又在做什么呢？

他们的面部表情是怎样的？

稍微换一个角度，就可以捕捉到另一部分表情。嘴巴噘起表示不开心；嘴巴咧开表明某件刚刚发生或正在发生的事情引起了他的不满；咬住嘴唇则通常是感受到压力的表现……

可能你会觉得学会所有这些细节需要相当长的时间。实际上，做出这些判断通常是几秒钟的事情。

当你开展随机观察活动时，不妨问自己下面这3个问题：

1. 在当前的场景中，有没有哪些现象是不合理的？
2. 这个人是否有对当前场景表示满意的行为表现？
3. 这个人是否有对当前场景表示不满的行为表现？

如果看起来一切正常，要注意留心那些调适性行为。这些行为可能并不起眼，比如揉捏手指，咬嘴唇，咬指甲，嘴巴重复性的动作或声音，等等。当然，它们也可能是引人注目的，例如耸肩，擦拭额头，不断地摩擦手指，大喘气，等等。

调适性行为无论大小，都是为了帮助身体放松，本质上都反映着当事人心理上的压力状态。正如联邦调查局前探员乔·纳瓦罗（Joe Navarro）所说："人会在舒适和不舒适的状态中进行调整。"调适性行为的作用，就是帮助人在这两种状态中间来回转换。

第2章 热 身

手机为我们观察人类行为提供了另一种便利渠道。网络视频里人的行为简直千奇百怪。有人在镜头里振臂高呼,希望一炮而红;还有人表情冷漠,若无其事地待在一旁,不关注周遭所发生的任何事。

有些博主对录制网络视频非常热忱,录得兴起,他们甚至会吼,同时肢体动作变得特别夸张,动作的速度特别快。即便把手机设置成静音,你只看他们的动作也可以大概看个明白。这些都是我们进行热身训练的完美素材。

同样的道理,新闻也是一个相当不错的途径。淡定的主持人和兴奋的受访者同框时,你能很容易地对比他们的动作。还可以观察政治人物,如果选举即将来临,然而很多事情还没有妥善解决,他们的愤怒之情肯定溢于言表。

除了前面讲到的基本常识，应该怎样对电视上的政客或者网络主播的行为做出判断呢？就让我们来看看需要寻找的一些特定线索吧。

从社交媒体开始

　　自信的人往往冷静、从容，几乎不会有不安的神情或者多余的动作（尤其是头部动作）。这一点在拥有大量粉丝的关键意见领袖、新闻主播、谈话节目主持人的身上表现得尤为突出。虽然有时他们的动作也会比较夸张，但那是持续吸引观众注意力的一种行为。

　　在图1中，我会给大家展示"开放"式的手势和肢体语言，这些动作也是自信的人通常会表现出来的。手放在可见位置，腹部、胸部、颈部不受肢体保护，这些都表明这个人处于没有感到威胁或压力的放松状态。

　　说话时，他们声音洪亮，口齿清晰，措辞得当。他们需要尽可能清楚地传递信息，同时持续吸引观众的注意力。

　　随着了解的增多，你会更加留意自己倾向于观察的区域——有可能是面部，说明你更关注眼睛、嘴巴等面部的表情；有可能是手，说明你喜欢捕捉手部的细微动作；也有可能是躯干中部……这些倾向有助于你更快、更准地发现那些线索，积少成多。你会拥有属于自己的观察风格，这也是相当有趣而有意义的。现在，让我们来看看那些经典的非语言信号。

01 外放的手部动作

03 额头、眉毛保持不动

04 招牌笑容

02 身体大幅度移动

05 手掌微微贴近桌面

（图1）

01. 外放的手部动作

对脱口秀主持人来说，手部动作无疑是肢体语言百宝箱中最重要的宝物之一。手部动作可以划分成两大类：一是说明类，我们接下来会深入讨论；二是调节类，用来吸引他人注意、调节语速和叙述节奏或表示停止。

一对一交流时，手势通常比较收敛，动作集中于腹部、胸部下方，很少会看到有人像图中人那样将手举到肩膀以上。当然，如果是一起观看竞技体育比赛就另当别论了，那种场合两只手举过头顶都不奇怪。

如果是面对一群人说话，手势需要外放，并且要有一些夸张的动作。制作网络视频或拍摄电影也是同样的道理。外放的手部动作有助于传递信息，也能更好地引导观众的注意力。右上小图中的主持人手掌张开，手与肩平，他很可能是在提出问题，与观众互动。

02. 身体大幅度移动

脱口秀主持人往往是坐着的，这就意味着他们能做的动作有一定局限。像是离场、徘徊、向前鞠躬、单膝跪地和其他所有需要站姿完成的戏剧性动作都是不可能完成的。因此，无论他们处于何种状

态——抛出包袱、表示怀疑、自信表达等，状态的外放都需要依靠躯干的移动来实现。

不同于严肃场合的鞠躬致意，主持人往往只是坐直身子，微微颔首表达敬意。在收到有趣、引起兴致或令人期待的信息时，他们的身体会微微前倾。

而面对意外的消息或者出乎意料的反应时，他们的身体会向后倾斜，或者偏向一侧，又或者两者兼有。这种移动可能很快，也可能很慢，这取决于所接收信息的类型以及他本人不愉快的程度。至于坐姿，身体的移动可以使谈话双方头部、面部、胸部等重要部位更加贴近，或者更加分散。

这种大幅度的身体移动是十分必要的，既能表达情绪，也能保持和引导观众的注意力。

03. 额头、眉毛保持不动

毫无疑问，在过去的几年里，肉毒杆菌变得越来越流行。许多名人用它来帮助消除前额和眉毛区域的皱纹。虽然它能帮助抗皱，但也会产生一些后果。例如，有时主持人会故意抛出提示来引导他人给出答案。当他问"你觉得怎么样"时，他的眉毛应当是向上翘的。格雷格·哈特利将这种表情定义为"请示表情"。一个人如果注射过肉毒杆菌，即便在这种情况下，他也做不出来这种表情。他的眉毛无法上提，前额也不会产生皱纹。

当然了，这并不是什么大问题，我们的脸上还有很多其他部位能够充分地表达情感。

有些主播反而会利用这种局限。僵硬的眉毛和额头会起到一种不论在讲什么内容，都显得认真而严肃的效果。需要注意的是，在与他人的交流中，眉毛和前额的区域起着非常重要的作用。在计划微整形前，请务必考虑清楚。

04. 招牌微笑

微笑是最令人愉快和最受欢迎的面部表情。笑容绽得越大，说明人的心情越好。当然，前提是笑容得是真诚的。

多年担任唱片制作人的经验使我有机会深入观察与我共事的艺术家们，尤其是他们在舞台上的表演。我发现，无论是音乐家、演员、键盘手，还是脱口秀主持人，在舞台上，他们最常见的表情都是微笑。大多数情况下，这些笑容都是"招牌微笑"。之所以称为招牌，是因为这种笑容是经过反复练习、预演的，每一次展现都一模一样地恰到好处。

对比一下你喜欢的明星出席不同活动时露出的笑容。发现了吗？它们简直像是复制的。

微笑人人都可以练习，想一想你想让照相机记录下怎样的笑容？我可以告诉你的是，身边练习微

笑的人，要比你想象的多。

05. 手掌微微贴近桌面

当一个人把注意力都放在另一个人或另一件事情上时，他会表现出许多下意识的动作。他的身体并没有失控，只是处于一种极度放松的状态。扒手或魔术师就特别会利用这一点，他们先把你的注意力吸引到别处，然后再施展圈套，这样破绽就容易被忽视。这也解释了为什么主持人的手会贴在桌面上。单掌贴桌子不是常规的动作，他这样做只是因为他的注意力都被观众吸引掉了。当你全神贯注应对某事时，你也会有类似的表现。

在我小时候参加童子军露营时，我曾遇见过一位射箭老师。她的技术非常娴熟，甚至到了百步穿杨的程度。那次，她正瞄准的时候，有只蜜蜂突然飞到她脸上落下来。当时我们都吓了一跳，可她竟然一动不动，漂亮地完成了动作并且命中了目标。之后她似乎才意识到这件事，稍稍挥了挥手把蜜蜂赶走了。这种专注的境界给我留下了特别深的印象。人在精力集中时，会有一些违反常理的表现。

政客们的隐藏之道

在多数人的印象中，解读政客的肢体语言应该是件难事。毕竟他们动作总是特别夸张，而且是经过反复排练过的。实际上，夸张的动作更容易露出破绽，反复的排演也使它们变得像符号般一目了然。喜剧演员模仿政治人物总是能抓住重点，肢体语言就是精髓。

政客是完美的素材，因为他们无处不在。电视、社交媒体、网络平台，哪里有热点，哪里就能看到他们。他们不是在接受采访，就是在去接受采访的路上。其实不知不觉之间，我们大家都已经有了一定的观察政客的经验。

就我的经验而言，在观察政治人物时，保持专注是非常重要的。不要被讨论的内容带着走，你的任务就只有观察。当一个关键问题被抛出时，他的表情是什么样的？是直面采访者吗？他的声音是否清晰有力？他的头、肩膀、手臂、手掌、躯干是否有一些动作？这些动作是否夸张？

他的语言风格又是怎样的？语速如何？他使用了"调适性行为"吗？他的停顿是否要比其他政客来得更久？他给出了正面回应吗？他的答案和问题有逻辑可言吗？还是说他自己都不知道自己在说些什么？这些问题都是很容易留意的。

在这里我想强调，凡事都没有绝对，肢体语言的解读更是如此。我们不能凭捕捉到的某个信号就断言他在撒谎。如果出现多个与撒谎对应的动作时，也只能说"概率很高"。如果这个政客的所作所为、一举一动都看起来像在说谎呢？

那时你可以告诉自己："先等一下……这事不太对劲……让我们再验证一次。"

人的状态也不是一成不变的。可能采访刚开始,这个政客语速平稳,神情自若,但过会儿之后,他变得声音急促,面红耳赤,还有一些说明类的动作冒出来。这就表明他一开始是放松的,可能他曾真诚地做出过表述,谎言从后面才开始。

如何辨别谎言呢?这就要从过渡表现中进行判断。他们突然变得兴奋,是因为被质疑的问题早有准备,他迫不及待借题发挥,还是说他因为不得不撒谎而变得焦虑且不自在?状态的起伏越大,有问题的可能性也就越大。

当即将被弹劾的美国前总统比尔·克林顿（Bill Clinton）为自己开脱时,我们注意到他的声音和表情有了一个明显的变化,他的肢体语言也从自在变得不自在。

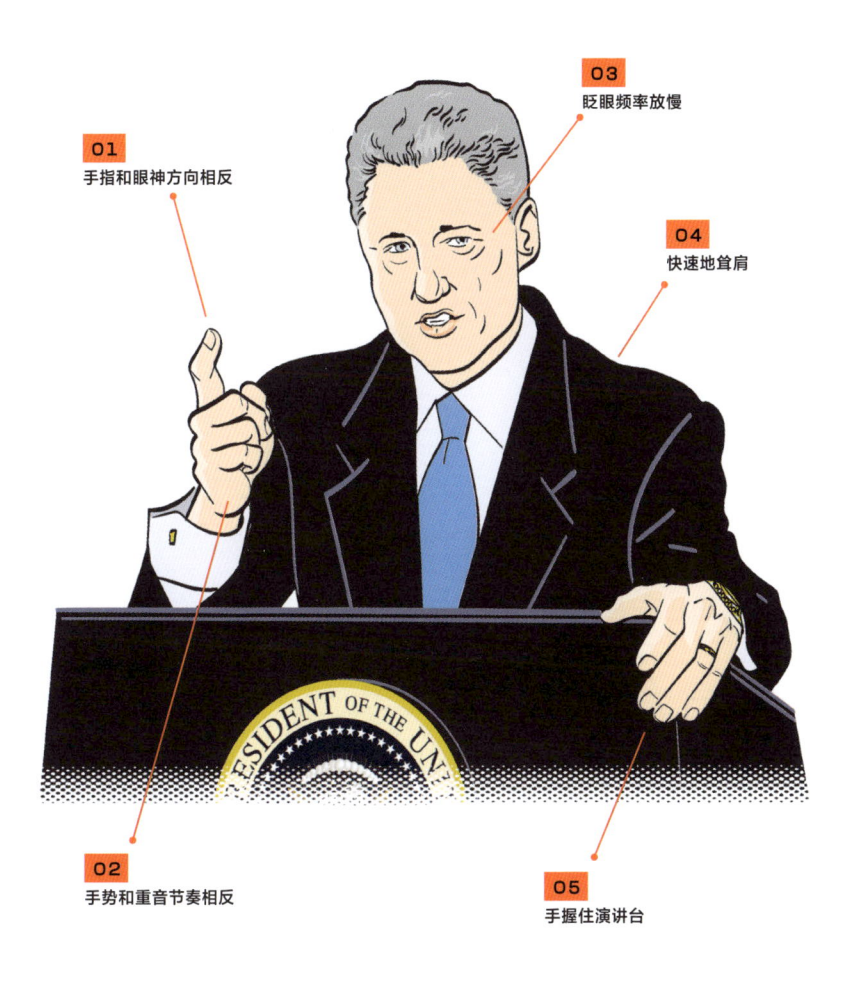

01
手指和眼神方向相反

03
眨眼频率放慢

04
快速地耸肩

02
手势和重音节奏相反

05
手握住演讲台

（图2）

第2章　热　身　031

01. 手指和眼神方向相反

当一个人在讲话中强调特定的内容时，就会伴有说明类行为。这种行为不与内容真伪关联，只是一种让听众理解讲话内容的非常重要的方法。例如，当克林顿否认与莫妮卡·莱温斯基（Monica Lewinsky）的不正当关系时，他说："我没有与那个女人发生性关系。"说到"没有""性关系"等字眼时，他的手指用力地在讲台上敲了敲。他的所做、所讲一定是经过反复排练的。在那一刻，他的注意力也保持得很好，因为这是人生中几个不能出错的场合之一。然而，似乎还是有哪里不对劲。

一般来说，当人诚实作答时，他的手势和眼神所对应的方向应该是一致的，并且应该都对着谈话的对象。在这次记者招待会上，克林顿虽然注视着访谈者沃尔夫·布利策（Wolf Blitzer），他的手却指向了相反的地方。

02. 手势和重音节奏相反

在那场发布会上，克林顿的说明类行为出现了几次。刚刚提到的敲击是第一次。虽然手指指向有些蹊跷，但是他确实踩中了"没有""性关系"等重点词。

第二次的说明类行为就显得比较突兀了，原因是动作和讲话的重点不同步。如果大脑真的专注于思考并且想要强调特定的单词或短语，肢体语言势必是同节奏的。相反的情况出现时，警报就响起了。有可能当事人在说谎，也有可能他们的思绪飞走了，被看到或想到的其他事情分了神，这不能一概而论。我们需要知道的是，当这种不一致出现时，要格外提高警惕。

03. 眨眼频率放慢

你可能听说过，当一个人在撒谎时，他的眨眼频率会增加。的确有这种说法。如果一个人受到质疑或接受调查，稍过几分钟，边缘系统就会介入。在这种情况下，因为眼睛干涩，眨眼的频率确实会变高。

然而，当一个人故意给出错误信息并渴望得到他人信任时，他们的眨眼速度实际上会减慢。这是因为大脑会尽力留意被骗的人，以判断他们是否相信谎言。克林顿就表现出了这种行为。

在明确否认指控前的12秒，他共眨眼了12次，平均每秒眨眼1次。当他说出"这些指控都是虚假的，我需要尽快回归本职，为美国人民服务"之后，到他下一次眨眼足足间隔了7秒。这期间，他的目光扫遍整个房间，希望能够确认他得到了别人的认同。

04. 快速地耸肩

耸肩是非常常见的举动。当你问别人一个问题而别人不知道答案时，他通常会边说不知道边耸肩。这时的耸肩通常在一两秒之间。如果你看到的只是一瞬而过的耸肩，或单肩耸耸，那就不太寻常了。

这是因为在我们提问时，对方的专注点都放在问题上，大脑对于身体的掌控处于前文提到的那种不太清醒的状态，因此会做出一些无意识而又反常的举动。这些动作他们自己不会注意到。

想象一下，此时此刻有人问你"麦克兰·丹·范德博茨是谁？"。请告诉他，你不知道，然后耸耸你的左肩，或者极其迅速地耸一下肩膀。有没有发现这些动作有多么不自然？当你看到有人这样耸肩膀，则说明他是有问题的。

05. 手握住演讲台

在一些不太受控的场合，比如接收期待已久的消息或者发布重磅新闻时，人会有借力的想法。握住或撑住某个东西，能够帮助他们坚持下去。这也是我们在左侧小图中看到的——克林顿握住演讲台为自己鼓气。

这其实是一种调适性行为。他的食指像是在用力推讲台，其余的手指则是在紧紧抓着。他的小臂贴住讲台，上肢则紧紧地和身体贴在一起。这种姿势表示他在从环境借力的同时，身体处于一种保护模式中，警惕着周围可能发生的危险。

另外，常人不会这么贴近讲台，克林顿甚至半个身体都压了上去。这些行为都告诉我们，他将讲台当作一个屏障。他是谨慎的、紧张的，对于他提供的信息和周遭的反应都是不自信的。

第3章 与朋友和家人一起训练

　　与朋友和家人进行的大部分非语言交流通常会被忽视，大家一起生活的时间太长了，以至于你会忽略掉他们的一些行为，也会忽略掉自己的反应。你的家人也可能完全忽略了这样一个事实：他们的一些行为，其实是在对你的嘴巴、身体等的动作做出反应。

　　当然，有些东西你是绝对不会忽视的，因为它们在极力传递信号。比如和伴侣交流时，你提到了某个同事，却发现他撇了撇嘴。虽然动作只是一闪而过，但你也会意识到，下周六的野餐聚会最好还是不要邀请他了。

　　和闺蜜一起逛街时，你换好衣服从试衣间里出来，问道："这件怎么样？"她嘴上说着"不错，蛮适合你的"，可你知道她的身体在告诉你"不好意思，其实不怎么样"。听到好友的叹气,你会主动询问他的烦恼;和家人走在街上遇到他的熟人,看他的表情你会知道是否该找借口离开让他们独处。

  这样的例子有很多,事实就是,当你非常了解一个人时,你已经具备了对其肢体语言的解读能力,即便你自己可能没有意识到这一点。

解读社交聚会

聚会总是很有趣,"社恐"的、紧张的、虚张声势的……各式各样的人都能遇上。掌握了解读肢体语言的方法会使我们更容易接触他们。

"社恐"的人在人群中是很容易被发现的。他们习惯性耸肩,手会不自然地插进口袋,双脚通常贴得比较近。接近他们要用安静的方式,先要做好准备,你将会是主导谈话的那个人,然后慢慢走到他们身边,赞美他们的穿着或他们说过的话。内向的人一般比较宅,可以问一些贴近日常的问题,比如热播剧看到了哪一集,或关于某本书的分享。也可以问他是爱猫人士还是爱狗人士,这个问题对害羞的朋友很有效。

相较于内向的人,紧张的人可能更难去接近。在紧张的状况下,人的一些反应是不可预知的。保持耐心和平静是非常重要的。紧张者会表现出一系列调适性行为,像是抖腿、搓手、按摩胳膊、握紧茶杯等。深呼吸,主动吐槽生活和周遭的环境,能让他们觉得自己是被理解的,进而拉近距离。如果不奏效,也可以试着笑一笑对他们说:"看起来你和我有同样的感受。"他们可能回答:"什么感受?"你说:"我就是不习惯这种场合。似乎大家都乐在其中,我也应该如此,可我还是不习惯。"帮助他们把压力卸下来,他们的话匣子也就打开了。

虚伪的人表现得最有意思。他们讲话有一种独特的腔调,姿势也很特别。他们可能头向后仰,仿佛在用鼻孔看人。可能手叉腰，身体前倾，有一条腿伸到前面。虽然这些都是自信或者自恋的表现，但过多的明显线索反而值得怀疑。他们更有可能是在虚张声势，掩饰自己难过、紧张甚至怯场的事实。

01 眼睛比平时睁得更开
02 抿嘴
03 揉搓胳膊
04 上臂紧紧贴住胸部
05 握紧杯子
06 业余演员的表情
07 肩膀往后收
08 一条腿伸出
09 头部不动，眼睛四下观察
10 手叉腰

（图3）

接近他们时需要小心一些，最好的开场白是："你觉得这里怎么样?"心虚的人通常会根据自己的过往经验回答问题，对真正在聚会上发生的事情只字不提。

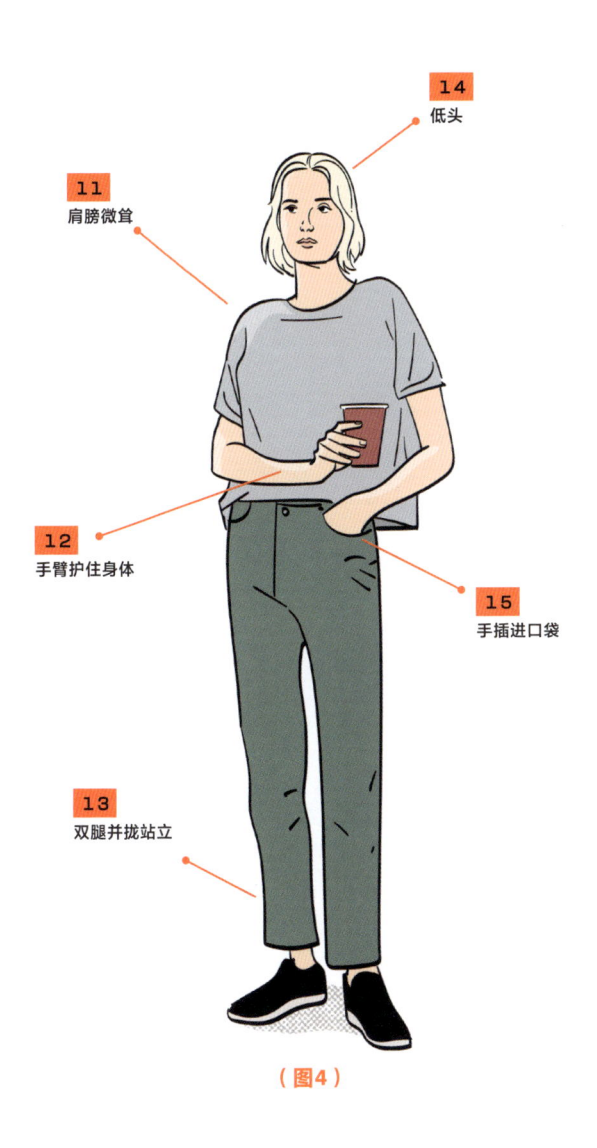

11 肩膀微耸

14 低头

12 手臂护住身体

15 手插进口袋

13 双腿并拢站立

（图4）

01. 眼睛比平时睁得更开

紧张的人的大脑处于高度紧绷的状态。他们时刻保持警惕，仔细地观察和聆听，尽可能地从周围环境捕捉信息。

为了满足这种需求，在边缘系统的驱使下，大脑会使眼睛比平时睁得更开。当然其程度非常有限，既要保证多摄取信息，又不能显得奇怪而引起关注。

他们的紧张状态也会随着时间而变化，从高度紧张到相对放松，再变回高度紧张，像是一个循环。当你感受到他们处在一个相对放松的时间点时，要抓住机会去靠近，这样会比高度紧张时容易得多。对他们来说，能够有人谈话、交流，把他们从当前的困境中解救出来，他们也会心存感激。

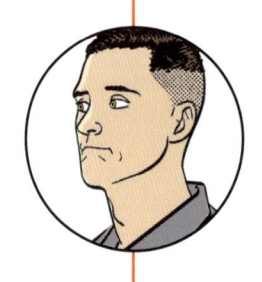

02. 抿嘴

抿嘴是一个人处于烦恼或压力状态下的一个十分明显的信号。人的双唇分别向内卷曲，直到别人已经看不到它们，因此，有人也称之为"唇部压缩"或"唇部消失"。几乎在所有的庭审过程中都能看到这种现象，尤其是身处困境的人在接受质疑和审问时。

单纯通过抿嘴这个动作，不能判定他人处在高度紧绷的状态，有时，一些细微的压力也会触发这个动作。比如，在一个聚会上，你从厨房出来走向客厅，刚好碰到一个不认识的人从另一个方向走过来。你们的眼神碰到了一起，于是你试图点头、微笑。当你尝试着这样做时，你可能也会有抿嘴的动作。和一起等红绿灯的陌生人眼神接触时也是如此。与其说是压力大的表现，不如说这是一种稍稍感到尴尬的状态产生的反应。

03. 揉搓胳膊

我想你一定见到过有人揉搓胳膊、按摩肩膀、摩擦双手、掰手指等，这些都是非常典型的调节压力、消除不安的调适性行为。

有一次，我受邀在纳什维尔为 TEDx（美国思想类演讲品牌）做演讲，当天同一个场地有若干个受邀嘉宾，我只是其中一个。我刻意早几分钟进入会场，想先熟悉熟悉环境，并看一看会场容量和上座率的情况。

正当我坐在座位上，看主持人为另一位嘉宾做介绍时，我的一个朋友走到我身旁，问我："你的胳膊还好吗？"我完全没有意识到我正在揉我的胳膊，并且力气大得像是在正骨一样。我当时太紧张了，两千人的会场对我来说是大场面的级别。

我正在努力帮自己放松，按摩胳膊就是其中一种方式。如果你看到类似的动作，当事人很有可能也处于压力之中，并且对自己的动作也是不自知的。

04. 上臂紧紧贴住胸部

边缘系统重要的功能之一就是保护我们免受意外的威胁。当这种保护机制被触发时，我们的手臂会不自觉地贴近身体，手掌会保护住腹部、胸部以及心脏部位。面部表情也会产生相应变化——眼睛和嘴巴张大，眉毛上翘，鼻翼微张，瞳孔放大。

这些表情常见于惊恐、惊讶或焦虑的状态。惊讶比惊恐来得相对平静，焦虑也是一样，不过它们本质上都有相同的特征。

在图3中，手臂的保护性姿态表示这个人现在非常紧张。随着他对周围环境压力程度感知的变化，他的身体还可以变得更紧绷或更松弛。

05. 握紧杯子

坐在飞驰的过山车上时，人不可能只是轻轻地摸着安全带。那可是救命稻草，我们势必会用全身力气去拼命握住它。这是大脑边缘系统传达的指令。

如果你看到有人正端着杯子，留意一下他们握杯子的方式和力度。他们只是若无其事地抓着杯柄，还是用整个手掌紧紧握着，像深夜脱口秀初次登场的喜剧演员握紧麦克风那般？

"握"这个动作本身也是一种调适性行为。从另一个角度讲，端起的杯子把当事人和周围其他的人隔开，构成了物理和心理上的双重屏障。

这也类似于环抱双臂的动作。手臂也好，马克杯也罢，胸前设置保护性屏障实质上都是恐惧、焦虑等不安状态的外化表现。

06. 业余演员的表情

我哥哥在影视业工作。有次我去片场探班，听到他一次次地喊"咔"，并把一些临时演员叫到一旁去指导。我问他是哪里出了问题。他回答我说："下次我喊开始时，你留意一下这几个临时演员的表情。每次开始拍摄，他们脸上就会浮现出一种排练时没有的诡异笑容。他们知道自己要登上荧幕了，总会有种抑制不住的兴奋。"

他的这番话激起了我寻找这种表情的兴趣，可是后来我发现，这种表情甚至不需要刻意去寻找。电影、电视剧、真人秀节目、新闻节目的采访视频里，这些表情随处可见。

如果在社交场合看到这种表情，多半说明这个人在隐藏自己真实的情绪或想法。他们可能是悲伤的、寂寞的、焦虑的。就像演员一样，他们知道别

人正在观察自己,所以尽可能伪装,告诉别人一切都好。

07. 肩膀往后收

想要成功地掩饰情绪并不容易,有些时候人会用力过猛,朝着想隐藏情绪的另一个极端走去。比如,他们的笑容比平时更加灿烂,或者笑声突然特别洪亮,显得不合时宜。

他们的身体也会变得僵硬。虚张声势的人要摆出无所畏惧的架势,他们会向后耸肩,挺起胸脯,好像在展示自己有多么舒适和自信。与此同时,他们的头会微微向后倾斜,给人一种傲慢和支配性的感觉。所谓用力过猛,无非就是这些太过刻意的表现夹杂在一起。那时你会很明显地感受到一种气场——他不是被人逼迫,就是自己在逼自己做动作。

缺乏情绪支撑的表情和动作也是难以持久的。随着时间推移,真实性和可信度的缺陷会暴露得越发明显。有人可能意识到了这一点,尽可能地收肩、挺胸,殊不知,变形的动作让他们显得更加奇怪了。

08. 一条腿伸出

在社交场合,当一个人渴望得到他人关注时,他没办法直接呼喊,让别人都看他。这个时候,肢体语言就派上用场了。有些动作可以起到引起关注的作用，而伸腿就是其中之一。

人在放松状态时，有时会把重心完全放到一条腿上，另一条腿就可以伸出放松，保持身体平衡，呈现一种稍息的姿势。这种动作常见于门口、吧台以及其他人多的区域。

至于虚张声势的人，他的腿伸出去的次数要比正常情况下多。多得不至于很奇怪，但足够让其他人都看到他，仿佛在说"这是我的地盘"。害羞的人强装镇定时，做这个动作会显得比较笨拙。当这种动作与其他刻意的行为一起出现时，即使在远处，我们也可以轻易地分辨出假装的人。

09. 头部不动，眼睛四下观察

眼睛四下观察是比较常见的动作。人在紧张状态下也会不自觉地左右张望，确认周遭环境是否安全，头部晃动的速度也相对较快。害羞的人则一般不会这样，他们观察的方式与情绪的焦虑等级相关。他们会习惯性向下向前看，在观察环境时，也会转头确认身后。但他们头部运动的速度是比较慢的。

上面这些行为也可能出现在伪装自己的人身上，这与他们想要隐藏的真实情感也有关系。在观察环境时，假装者的眼睛可能会移动得相当缓慢。

他们的大脑正在刻意地寻找熟悉的面孔。这样做时，他们的头部动作是非常细微的。这也是一种非常常见的捕食者行为。

10. 手叉腰

一只手叉腰，另一只手随意地握着什么东西，相信你已经见过这个动作无数次了。它总是被误解为占有优势地位一方的强势表现。然而，情况并不总是这样。和伸出的腿一样，这个动作扩展了人的空间，这往往是渴望沟通交流的一种暗示。

手叉腰确实是自信的表现，前提是姿势得当。一个真正自信而强势的人，拇指和食指之间的内缘会紧紧地贴近腰部，这时手掌、手肘和肩膀部分会形成一个尖锐的三角形。图中的这个女生并非完全自信的，因为她的手只是轻轻地贴在腰上，手肘的角度也没那么尖锐。与其说是自信，不如说她是比较不稳定的。她渴望与人交流，但并不完完全全处于主导地位。

11. 肩膀微耸

在社交场所，内向的人总是会微微表现出一些驼背，他们的肩膀会不自觉地抬高或耸起。虽然不明显，但这种驼背还是可以被注意到的。有人把这种状态比作乌龟，因为人看上去就好像是要把头缩进胸腔一样。

面临恐惧或受到惊吓的人也会有相同的行为。他们的肩膀快速耸起，脖子缩短，来保护头部和颈部。这是边缘系统作用的结果。

如果你在零售行业工作，这个表现一定不要忽视。如果有小偷来行窃，他们会想要尽可能地收缩身体，让自己不那么引人注目。然而，耸起的肩膀和前倾的姿势会让他们看起来非常奇怪，反而起到了一种相反的效果。

如果表现得当，微耸的肩膀和其他害羞的表现可以一道塑造一个完美的内向者的形象。我曾引导便衣警察做这种练习，这样使得他们能更好地伪装自己，执行任务而不被发现。

12. 手臂护住身体

虽然害羞和内向意思相近，但这两种性格还是有很大区别的。害羞的人并不一定内向，他们不喜欢孤独。他们渴望与人交流、互动，只是不擅长，或有心理障碍。内向的人则恰好相反，他们懂得享受独处的时光，被迫与人交流之后，反而会有种疲惫的感受。

害羞的情绪与恐惧同源。这也就是为什么害羞者会横一个杯子在自己与对方中间。不仅仅是杯子，手臂或其他任何东西也好，只有有了屏障，他们才会心安。

越是感到压力的人，对屏障以及调适性行为的需要就越迫切。反过来讲，屏障与身体的贴近程度也在一定程度上显示着当事人的害羞程度，贴得越近，情绪就越强烈。如图4所示，女孩手腕下半部分贴在了身体上，说明她正在与害羞做激烈的斗争。

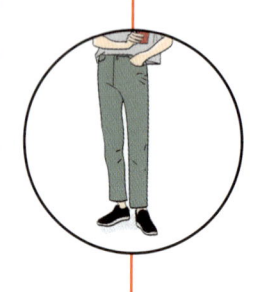

13. 双腿并拢站立

当双腿叉开到与肩同宽时，就形成了"跨步"姿势。这时人能够很容易地保持平衡，会表现出一种严阵以待的纪律感，因此它常见于警察、军事人员、教练、格斗家等处于统治或强势地位的人。这是人类最早的肢体语言之一，用来向首领和负责人传达信息。

双腿并拢站立则正好相反，这是害羞者经常采用的姿势。这个姿势不容易掌握平衡，既表现了身体上的摇摇欲坠，也反映了他们在所处的社会环境中惴惴不安的心态。

此外，他们通常站得比较直，身体微微前倾。因为紧张，所以他们可能有一些小动作或者轻轻地前后、左右摇摆，但这些动作都不会大到引起别人注意的程度。他们也可能轻轻地倚靠住墙壁，用这种姿势来获取安全感。

14. 低头

在一些谈话场合，有时也会看到有一方的头部向下倾斜，这可能表明他正沉浸在悲伤、惭愧等情绪中。对于一个害羞的人来说，肩膀微耸、微微低头不一定表示这些情绪。

社交场合中，害羞的人往往会低头并露出"压力微笑"。"压力微笑"就是在正常笑容的基础上加上了抿嘴的动作，就像我们在探讨紧张者时所说的。这个微笑表示：我向你问好，但是请不要来和我说话。

请留意，这个表情有时也会被误解为是充满敌意的，愤怒的人有时也会这样。不同的是，害羞的人会点点头，突然扬眉来打招呼，在气头上的人可不会这么干。

15. 手插进口袋

无论是在职场、部队，还是在其他一些场合，职级最低的人往往会把手插进自己的口袋。当然这也有可能是习惯使然，但问题是，手放在口袋里很有可能给人一种无法信任的感受，尽管事实并非如此。

手在开会、演讲或谈判时承担着辅助交流的作用，我们已经讨论过手部的一些说明性动作是如何

帮助人们传递情感信号的。看不到你的手，别人无法准确地了解你想表达什么，或者会认为你对某些事物的反应不够确定，从而导致你缺失参与重要任务的机会。

拇指在这其中也扮演着非常重要的角色。如果手放在口袋里，但拇指伸出来，则表示一种自信的感受。只有拇指连同整个手掌都被藏在口袋里时，才会构成一个完整的心理暗示，表示当事人感到害羞，或者对周遭环境感到不舒服。

分歧中的表现

脍炙人口的经典喜剧常常包含着角色之间的误解和矛盾。当主人公认为某件事情将要发生或者正在上演时，另一个角色——也有可能是其他所有角色，则刚好持相反的意见。不同的认知引导着不同的行为、反应和肢体语言，它们共同演绎出幽默精彩的故事。

矛盾可大可小，有些矛盾引导着主线剧情的走向，也有些作为伏笔到最后才会被揭示。这些错综复杂的矛盾又由各式各样的演员来演绎，充满着悬念。创作者知道观众喜爱这种戏剧冲突，因为他们会不自觉地想象某些角色在矛盾被揭露时的反应。矛盾是幽默之源，也是人性之本。

在现实生活中，亲密的朋友争吵时，也会释放出同样强烈的压力和情绪，而且这种争吵往往比家庭成员之间的更加激烈。他们可能会贴得很近去逼问对方，但不会让人轻易联想到动手。

朋友间的争论表现出的情绪和肢体语言的激烈程度与亲密程度相关，陌生人之间则取决于具体情况。例如，当两个人为争抢超市的停车位而吵架时，他们通常会隔一段距离，或者干脆就在各自的车上。如果车窗是打开的，你就会看到他们滑稽的面部表情和肢体动作。吵到投入时，他们还会怒目圆睁、脏话连篇，挥舞着手臂展现一些不文明的手势。作为一个旁观者，你会发现他们的举动有多么可笑。

我最喜欢观察那些发生在酒吧或俱乐部停车场的争吵。

当事人通常是相识多年的老友,虽然喝得酩酊大醉,但我们完全不担心他们会大打出手。这就像是看一出情景喜剧,双方的肢体语言都夸张而又滑稽,为的却是一些鸡毛蒜皮的小事。可能乍看起来,他们的尖叫和动作给人一种大战一触即发的感觉。但仔细观察就会发现,他们的巴掌只是煞有介事地落在对方的肩膀或手臂上,并且是没有完全发力的。

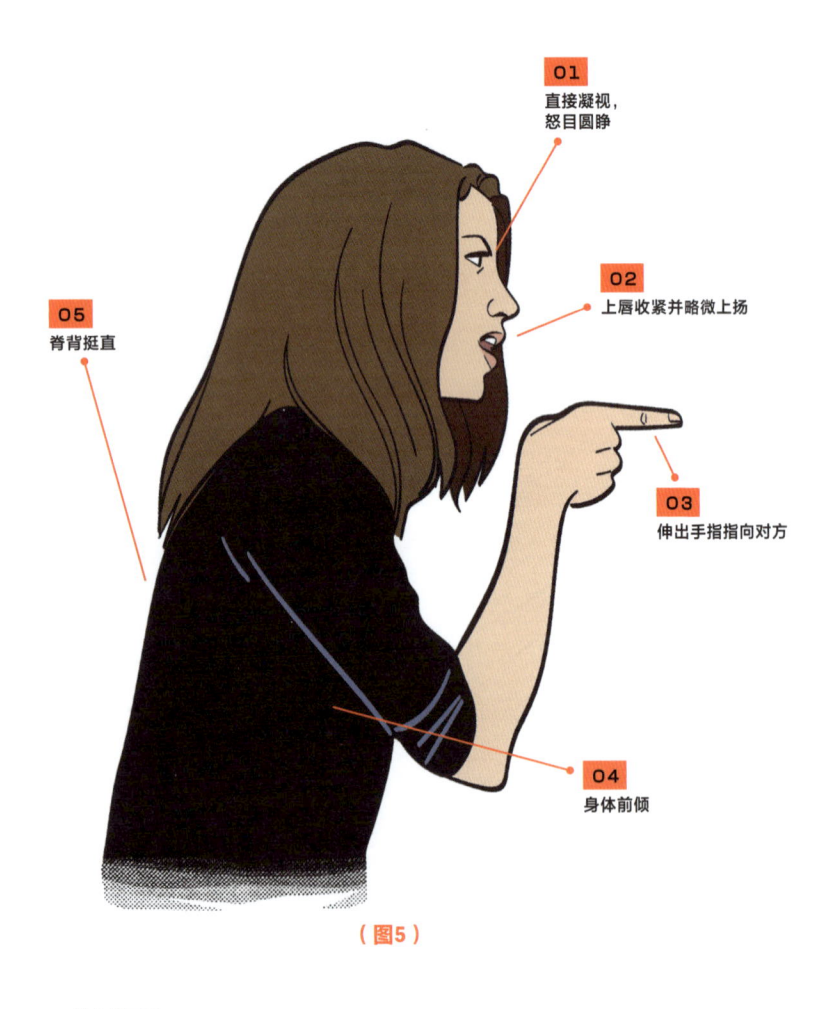

01 直接凝视,怒目圆睁

02 上唇收紧并略微上扬

03 伸出手指指向对方

04 身体前倾

05 脊背挺直

(图5)

这就让我想起了小时候邻居抓拍到的一张照片。那时，我和哥哥正在马路上打架，他忽然跳到我身上，把我扑倒了。接下来他的动作被照片清晰地记录了下来：他一手握拳，看架势要捶到我的脸上；另一只手却抱住了我的头，保护我不要一头磕到地上。（当然，他的拳头最后也没有落下来。）

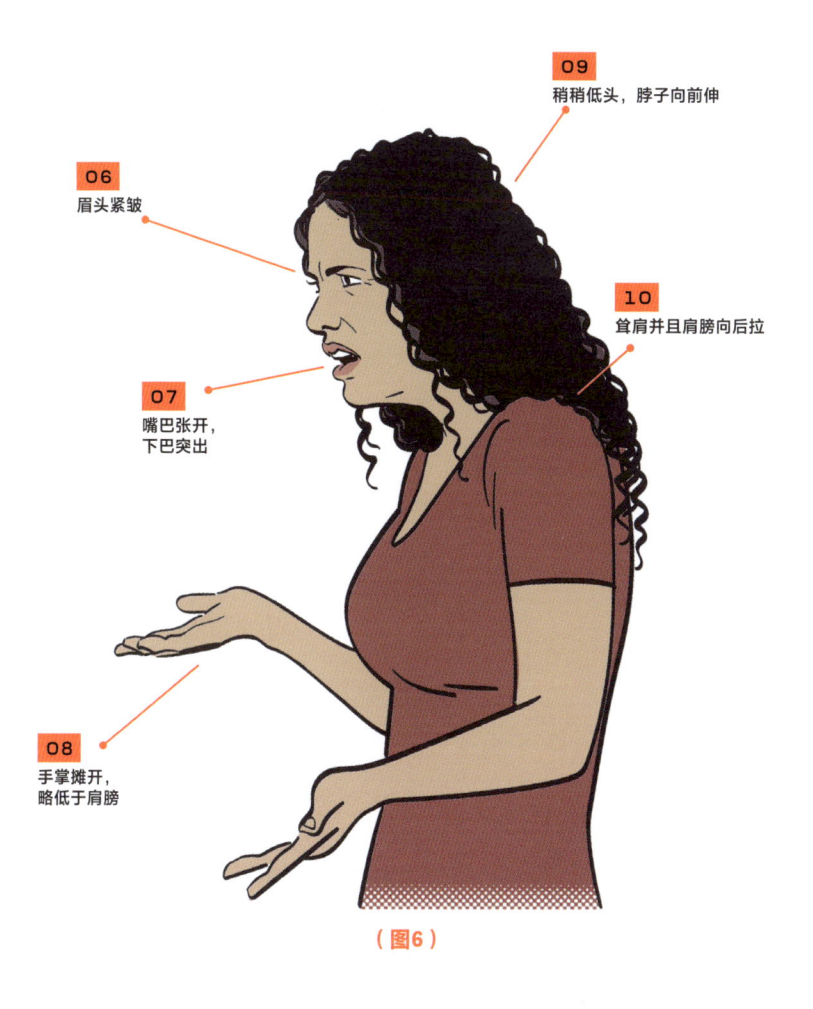

09 稍稍低头，脖子向前伸

06 眉头紧皱

10 耸肩并且肩膀向后拉

07 嘴巴张开，下巴突出

08 手掌摊开，略低于肩膀

（图6）

第3章 与朋友和家人一起训练　　055

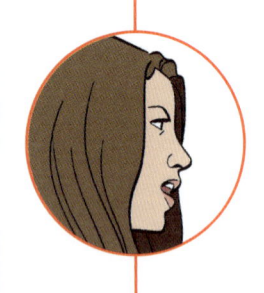

01. 直接凝视，怒目圆睁

一般来说，凝视分为三种：直接凝视、社交凝视和亲密凝视。商务场合中，当我们初次与某人会面时，通常会使用直接凝视，视线焦点落在对方的眼睛、前额等区域。

当我们只是"认识"某人，却谈不上熟络（比如"工作朋友"），在同他打交道时，我们会使用社交凝视。这种状态下，我们看到的是对方的眼睛、嘴巴等区域。

亲密凝视顾名思义，面对的是我们最亲密的人——家人、伴侣、最好的朋友等，也就是所谓的"自己人"。亲密凝视状态下，对方的眼睛、额头、嘴巴、胸部等区域都会被视线覆盖到。

如图5所示，直接凝视可以在争吵之前和争吵期间煽动情绪，恫吓对手。因为愤怒，眼睛也可能会不自觉地微微眯起，眨眼频率也会下降。

02. 上唇收紧并略微上扬

在听过朋友吐槽一场进行得非常不顺利的辩论之后，我们难免会问："对方很火大吗？"如果答案是不确定的，我们紧接着就应该问："那么他们看起来是不是很生气呢？"这是因为愤怒的面部表情是最容易识别的，而喜悦的表情排在第二。

愤怒的情绪靠嘴巴和声音就可以表达出40%。只需要像图5中的人物那样，把嘴唇收紧一点，上唇紧贴上前牙向内收，再故意拉低声线。试一下保持这样的动作说："我不是这个意思。"你的状态会听起来有点不正常。

请记住，愤怒有不同的强度，面部表情和肢体动作也有对应的层级表现。在对方只有一点点生气时，我们或许只能观察到个别的动作或表情，那些微小的动作是非常不容易发现的。

03. 伸出手指指向对方

这是一种非常经典的肢体语言，通常伴随着强烈的情感爆发。比如职业摔跤比赛的广告里，一个摔跤手怒气冲冲地用手指着另一个的脸，说："你给我走着瞧！"看到这种情形，无论离得有多远，你都能感觉到这个人是在生气。

我们说，说明类动作会大量出现在情绪爆发的激烈争论中。有时它会被用来强调特定的词语或断续，也有时它会在双方之间创建一个无形的空间屏障。这种空间被格雷格·哈特利称为"神圣空间"，指身体周围通过肢体活动能够控制的个人区域。当然了，激进一方的肢体动作也可能打破屏障，入侵他人的神圣空间，伸手指就是这样。

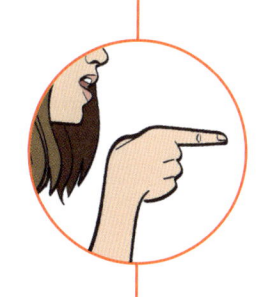

04. 身体前倾

在争论中，大家都想让对方清楚地听到并且认同自己的观点，为了达到这个目的，人会站稳脚跟，同时尽量身体前倾。因此，前倾的身体是争吵中常见的肢体语言符号。

但其中也有分别，重点就在他们的腿上。腿是微微弯曲还是伸得笔直？有没有前后移动的趋势？如果像图5中的人物一样，身体前倾的同时，一只手叉腰或是用手指指人，那么这个人采取暴力行动的概率是相当低的。

然而，如果对方在争论时把身体重心后移，同时把一条腿伸到了前面，这时就要小心了。这是潜在的暴力行为的警告，这个人就要爆发，下一秒可能就会挥拳。这个姿势为许多侵略性的举动提供了可能，如果观察到一定小心为妙。

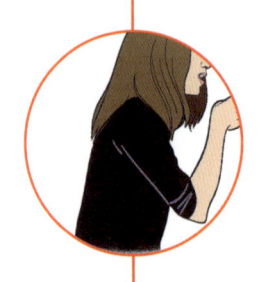

05. 脊背挺直

身体前倾的原因不止一种，但是只有愤怒和冲突才会让脊背变得僵硬和挺直。这与身体的"备战机制"有关。处于舒张状态的肌肉松弛无力，十分脆弱。因此，当大脑边缘系统感受到威胁时，身体就会切换成战斗、逃跑等状态，使肌肉收缩来保护身体，抵御攻击。我们可以把这些紧绷的肌肉想象成保护重要器官的外骨骼。

拳击比赛中经常可以见到类似的情形。拳击手俯低身体，故意把头暴露在对方的攻击范围内，诱使对方出拳。在这样做时，他的脊背肌肉时刻处于僵硬的状态。如果对手被骗，他的头便能够迅速地躲开攻击，然后出一记漂亮的勾拳来击倒对手。背部僵直是需要牢记的重要的愤怒信号。

06. 眉头紧皱

当一个人脸上表现出不确定/不相信的表情时，他们的眉毛会从向上拉并往中间并拢。乔·纳瓦罗有句经典名言"额头是人类情绪的广告牌"，讲的就是眉毛对于反馈情绪的重要性。你可能无法在远处清楚地看到某人额头上的皱纹，但肯定能看到他们的眉毛在做什么。

当有人觉得自己受到了错误的指责，或者他们试图理解对方为什么要生自己的气时，向内、向上提拉的眉毛与无辜的眼神会共同构成一个经典面部表情，仿佛在说"我不明白你为什么会这么想""你到底在说些什么"等。

有时，皱紧的眉头和向前探头、眯起眼睛等动作会同时出现，好像他们看不清楚眼前的东西一样。

07. 嘴巴张开，下巴突出

人类似乎非常热衷于讨论下巴，从童话故事"那是不可能的事情"（出自《三只小猪》，直译为"用我下巴的毛来保证"）到民俗谚语"要学会忍气吞声"（直译为"把事情放在下巴上"），下巴几乎都能被提及。日常生活中也是如此，人们在思考时会抚摸下巴，走在路上遇到朋友时也会扬扬下巴来致意。

左上方小图中的人物嘴巴张开，下巴向前翘着，代表着一种惊讶和难以置信。她的内心独白是：我不会改主意的！我很惊讶，你竟然会这么想！

校园里的一些打闹也常常可以看到下巴的动作。挑衅时，人的下巴往往会伸出来，仿佛在说"我可不怕你""这就是我的喉咙，你有本事过来掐我呀"。但这个动作不会持续太久，说到底，喉咙是不可能不需要保护的。

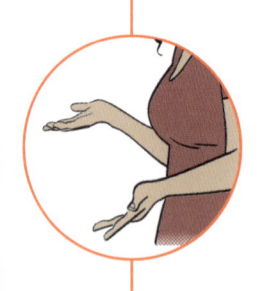

08. 手掌摊开，略低于肩膀

摊开手掌应该是最最常见的肢体语言了。它最常见的解读是："我没有隐藏任何东西。我没有恶意。请不要误解我或对我有所防备。"这个动作引申出了"宽恕之手"，如左下方小图所示，双手摊开,平行于肩膀,此时人往往会说:"请相信我!求你了!"摊开的手掌上仿佛写着:"不论发生了什么,都不是我做的!"

还有时,人会双手摊开然后举到肩膀上方,虽然动作十分相似,但更多是在表现"我不知道""我不确定"的意思。如果他们强调的是"不是我""我没有做"等信息,把手举得这么高是不自然的。当然,如同所有的肢体语言暗示一样,这并不意味着这个人在说谎,但你需要继续询问,获取更多的信息。

09. 稍稍低头,脖子向前伸

在交流时,人的头会不自觉地稍稍偏向对方,集中精力试图了解对方在说什么或做什么。面临指控时,尤其是那些突如其来的指控,人的脖子也会不自觉伸长来向前探头。如图6展示的那样,脖子向前伸,颈部就不受保护了。潜台词是:"瞧,我很无辜。我无意反驳,我也不需要反驳。我把自己的弱点暴露在你面前,我不害怕,因为我什么都没做。"

低头则是一种示弱的表现。低头表示人无意主导局势,有些"投降"的意味。如果有朋友突然指责你说:"我知道我钱包里的钱是被你拿走的!"而你感到无辜,你多半不会直接尖叫着摆脱指控,而是用肢体语言告诉他："你在开玩笑吗？我完全不知道你在说什么！"你的眉毛会上扬，表示惊讶；先是头向后缩，接着再向前低头。

10. 耸肩并且肩膀向后拉

当边缘系统触发人体静止、战斗、逃跑等模式时，人的身体会尽可能地保护自己，为大脑收集信息并为分析当前局势争取时间。人绝对不会把胸部暴露出来，因为那是心脏、肺部等重要器官的所在之处。

当你看到有人耸起肩膀并且双肩向后舒张时，他们的胸部是完全暴露在外面的，因此可以判断，在他们的意识里，当下的情景与暴力无关。他们也不会有动粗的念想。他们在意的，只是为什么对方会对自己有误解，并且想要摆脱那些无端的指责。

如前文所提，耸肩是人类通用的肢体语言，往往表示不知道、不确定、不理解等。真正的耸肩会持续超过1秒，有的甚至能达到3秒。如果只是一瞬而过，那当事人就有可能是在装糊涂了。

如何在困局中获得身体安全感

在本章中，我们学习了肢体语言蕴藏着何等丰富的信息。在社交场合中，只需要远远地观察，我们就能对观察对象的情绪、状态、感受有个基本的了解。同样，我们也可以通过调整自己的肢体语言，来给他人留下所需要的印象。例如，我们都知道在与人交流时，展现出自信是非常重要的。那么，有哪些肢体语言可以帮我们达成这种状态呢？我在下面列出了5个要点（无重要性上的先后顺序）：

1. **微笑**。微笑是简单、有说服力的，同时也是需要练习的。无须夸张或做作，试着对浴室镜子里的自己笑一笑。没有什么比一个简单的微笑更让人感到亲切、放松、愉悦的了。
2. **叉腿**。保持双腿叉开，与肩平行。不能做得太过，也不要前后摇摆。
3. **双肩向后舒张**。当你表现得不那么忧心忡忡或心存戒备时，别人更容易来接近你。肩膀向后拉可以传递一种自信的信号，能够帮助你达到这个目的。
4. **身体站直**。佝偻、驼背等在人群中是非常显眼的。保持脊背挺直，这一点非常重要。
5. **抬头**。我们经常听到他人说要挺胸抬头，这是因为昂着头能够使你看上去更自信，也确实会帮助你感受到自信。当然，这个动作也不能太过，否则会看起来很傲慢。

好啦，用这几点武装自己，你看起来就会更加自信！

第4章 约会中的信号

解读约会场景中的肢体语言,其重要性不言而喻。你给对方留下了怎样的印象?这确实是一场充满浪漫气息的约会吗?还是说对方在硬着头皮忍耐,期待着它能尽早结束?在这章,我们将深入讨论约会场景中的隐藏信息,帮你解读之前忽视掉的有价值的肢体语言符号。

高中时,我的一个哥们儿和同学出去约会。周五晚上,他们先去比萨店吃比萨,然后共同去看了一场电影。

第二天早晨,他很激动地打电话给我,说:"我们的关系取得了突破性进展!虽然她有点害羞,都没怎么吃东西,但是看电影的时候,她一直笑个不停。这已经是好得不能再好了!"

没过多久,我又接到一通电话,是那个女孩的好朋友打来的。她质问道："你朋友在搞什么？"我表示不解。她接着说："丽萨说周五晚上和你朋友出去玩。但是他一个人把比萨全吃光了，在看电影的时候还一直说个不停，她整个电影都没看好！"

我哭笑不得。人会按照自己的方式理解对方的肢体语言，然后产生滑稽的误解，这就是完美的证明。他喜欢她，因此他紧张得要一刻不停地讲话。她起初对他也有好感，但耳边不断的噪声让她感受不到尊重，想要表达也插不上嘴。两个人的本意都是好的，如果他们能解读彼此的肢体语言，这本该是一场完美的约会。（真人真事：这两个人在大学里又遇见了，后来结了婚，并且有了两个健康可爱的女娃娃。）

如何判断
事情是否进展顺利

人类会用许多非语言的方式来表达对彼此的兴趣。想象一下，如果我让你向坐在桌子对面的人示好，你会做的第一件事是什么？我赌1000美元你会微笑。

如果对方感受到了你的好意，也想要了解你，他们也会有一系列的表现。如果是女生，通常会把额前的头发别到耳后，确保颈部被露出来。这样做时，她也会有意无意露出手腕。你可能还会看到她的鼻孔微微张开，那是她的大脑正试图捕获空气中的一些信息素，以了解你的"气味"是什么样的。

当你以非语言方式再次回应时，你的眉毛可能会扬起。你会盯着她看，同时瞳孔放大，因为你渴望尽可能多地捕捉她的信号。这种凝视不会像电影里的跟踪狂那样令人毛骨悚然，而是含情脉脉、恰到好处，足以让她知道你对她很感兴趣。作为回应，她可能以同样的方式凝视你，当然也有可能随时中断同你的眼神交流。

随着交流深入，血液开始涌向她的脸颊、嘴唇和额头，她的嘴巴会开始看起来有点红。你也是如此，另外你的呼吸会变得愈发深沉。你的鼻孔也会因捕捉嗅觉信息而张开。

与此同时，你也应该开始观察她的呼吸频率。是加快了还是减慢了？如果她被你吸引，她的呼吸频率会上升，同时会做深呼吸。她的笑容也会发生变化，时而内敛，时而舒放。

这是个好现象，表明她正在思考。

　　还有一点值得关注的，那就是手和手臂的位置。回想一下在交谈过程中，她是否移动了她的手或手臂，使它们的位置与你的手臂的位置相似？如果她没做，你可以采取这样的行动。如果她做了，那绝对是个好兆头，你可以基于这一点确信事情在往好的方向发展。至此，我们已经笼统地了解了大脑支配身体在约会场景中做出的一些反应。现在，让我们深入了解一些细节。

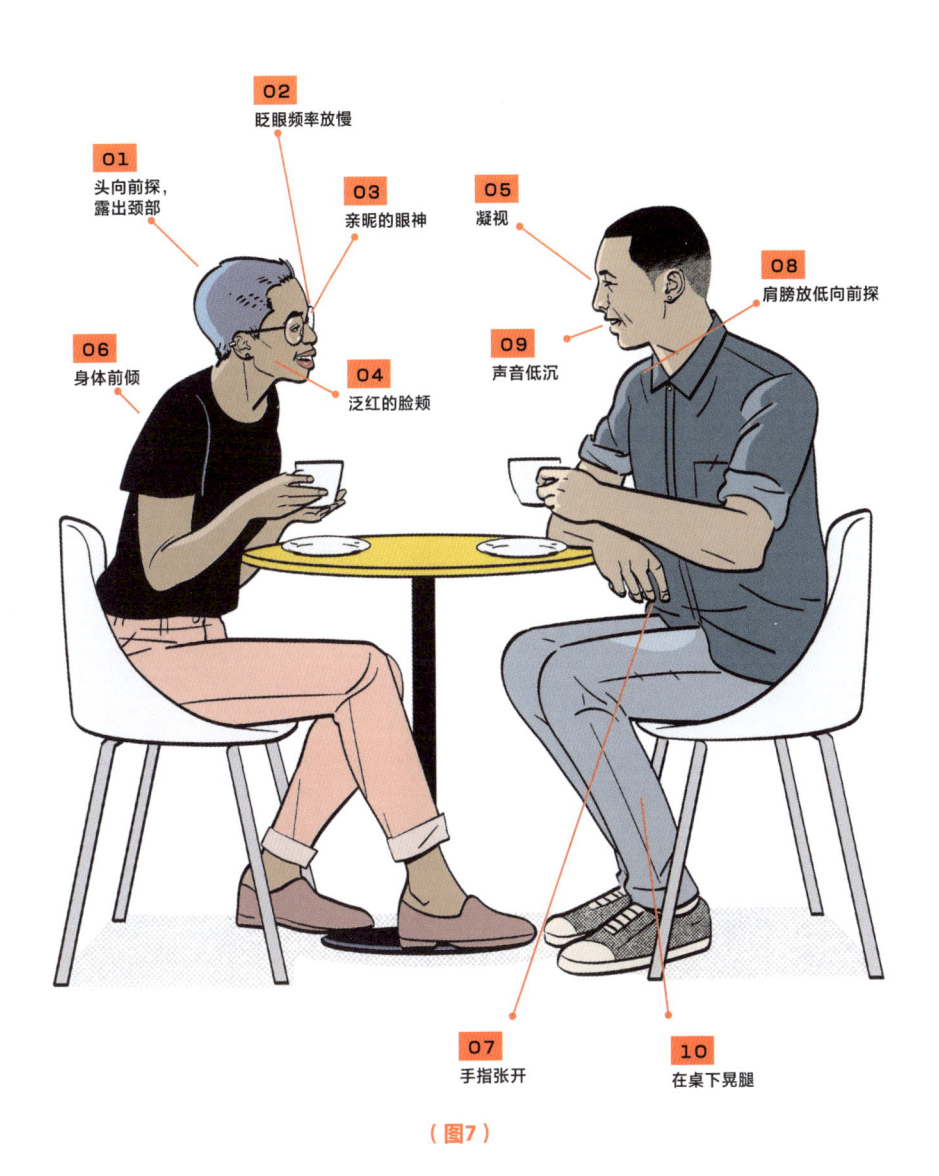

(图7)

第4章 约会中的信号

01. 头向前探，露出颈部

如前文所述，本章中我们将深入讨论约会场景中的隐藏信息，帮你解读之前忽视掉的有价值的肢体语言符号。

如果女生被眼前的人所吸引，那么头向前探与露出颈部是我们首先能注意到的身体表达。人的身体能够通过排汗的方式，分泌某些特定的信息素来吸引伴侣。而头部、颈部的汗腺就承担了这样的功能。当女生魅力四溢时，头部、颈部体温升高，轻微出汗。露出颈部既能展现自己的脆弱，又有助于信息素的传播。

尤其是，越是被对方吸引，身体分泌的信息素就越多。它们就像化学信使，可以将感受、意图传递给他人。信息素发挥作用的机制相当复杂，我们需要掌握相关的基础知识，这有助于我们了解它们以何种方式、何种程度影响人类行为。

02. 眨眼频率放慢

如果有人对某个东西抱有疑问，来请你帮忙观察并询问意见，你的眨眼频率就会非常明显地放慢。看电影时，如果有个反派拿着刀偷偷溜到主角身后，你也会产生同样的变化。

为什么会这样呢？当大脑受到刺激感到兴奋

时，它会尽可能地搜集周围环境的信息。当你被人吸引时也是如此。你的大脑在告诉你："慢着！这个人简直是完美对象。好好看一看，有许多我们想要知道的事情。"

在图 7 中，女孩子不仅仅是盯着对方发呆。她正在敏锐地捕捉男生的一举一动——他的穿着、他的动作、他所讲的一切。因为她的大脑已经处于兴奋状态了。这样做的同时，大脑也在飞快地处理信息，验证对方是否也有同样的感受。

03. 亲昵的眼神

在浪漫暧昧的气氛中，人的眼神也会变得充满爱意。歌手把这种眼神写进情歌，诗人将它谱成诗，而在画家笔下，它就是画作中最神秘莫测的点睛之笔。

这种特定的眼神也被戏谑地称为"卧室眼神"，因为它通常与性行为相关联。部分女性为了展示自己的魅力，会尝试用特定的妆容还原这种眼神，即眼睛几乎半闭，眼睑下压，瞳孔放大，像右侧小图中的女生一样。

然而，当男性采用同样的化妆造型时，看上去会非常奇怪，不仅不符合真实的暧昧情境，反而看起来非常可怕。

无论如何，如果你想确定对方是否对你感兴

趣，请仔细观察一下他们的眼睛。

04. 泛红的脸颊

漫画家和卡通创作者是地球上最佳的肢体语言解读者。他们之所以擅长将人类行为转化为图画，是因为他们时时刻刻都在观察真实人物的行为方式，并最终将其以图画形式呈现出来。他们绝对是这个领域的专家。

想象一下，在卡通世界里，当老鼠少女第一次遇到心仪的老鼠少年时，她会怎么做？

第一件事是眨眼睛。之后，她会双手交握，将手腕和手掌向外、向下推一推。再然后，她的头会害羞地偏向一边。发现了吗？她的脸颊已经涨红了。

涨红的脸颊可能表示尴尬，可能表示愤怒，也可能表示诱惑和性欲。如果约会对象的脸上透出这种害羞般泛红的脸颊，说明她到目前为止都比较满意。

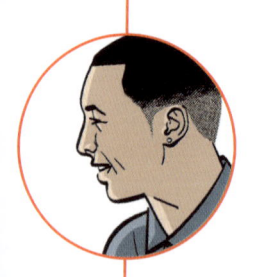

05. 凝视

捕食者，无论是自然界中的动物还是人类，都会紧紧盯着猎物。无论猎物去哪里或做什么，他们都会一丝不苟地注视，静静等待机会的来临。类似的眼神也会出现在约会场景中。如果女生觉得她的约会对象很有吸引力，她会凝视他。不是因为她想要发动致命攻击，也不是因为她觉得自己受到了威胁，而是因为她的大脑想要尽可能多地接受潜在伴侣的信息。

"他此刻的心情如何？他对我讲话的内容感兴趣吗？"

男生也会有这种表现，而且大家的想法都大同小异。当目光相遇时，男生会告诉自己：不错，我们正在建立联系，坚持下去。请记住，这种凝视不应该是刻意的，它有一个自然而然发生的时机。如果强行进行，会给对方一种令人毛骨悚然的感觉。

06. 身体前倾

我们刚刚已经讨论过几种被人吸引或对他人感兴趣时会表现出来的举动，可能你也有一些自己的心得体会想要补充，这很好。还有一些举动不是那么明显，甚至需要相处一段时间才会看到，比如右侧小图中展示的这种身体前倾的动作。结合之前的内容，有人可能会说："这个女生很不自在。她倚靠着桌子，是在把桌子当成屏障。"这确实是一种解读的方式，但却不是最合理的一种。让我们来仔细分析一下：

如果女生想要和约会对象保持距离，她的身体应该坐得更直，双手和手臂都放在桌子上，这样更

符合身体的保护机制。通过这样做，他们两个人之间的安全空间也将增多。然而，她的身体是向前倾的，头也向前探，这就意味着她正在拉近自己和另一个人之间的距离。潜意识里，她在试图贴近对方。她渴望在约会时吸引他的全部注意。

07. 手指张开

人在生气、担心或焦虑时，会有比较丰富的手部动作。随着情绪渐渐"上头"，他可能会握紧自己的惯用手，好像正准备要挥拳一样。深度焦虑的人常常会表现出经典的绞手行为，双手交叉，用左手的拇指搓右手手掌，或者反过来。也有可能，他会将全部的手指都放在另一只手掌里然后挤压它们。

反过来讲，当人感到放松时，他们的手也容易放松。如左侧小图所示，即使拿着一杯咖啡，他的手指之间也有足够的空间，这表明此时他心中是没有压力的。

如果手指间空间消失，则可能代表有些东西发生了变化，可能出现了某些问题。这种消失可能会慢慢发生，也可能会突然出现，这取决于不同的情况。不仅仅是约会，在商务会议时，这条线索也值得去关注。

08. 肩膀放低向前探

这个动作与身体前倾相辅相成，重要性不言而喻。二者的区别在于，男生对自己的约会对象非常感兴趣，以至于他没有意识到自己的肩膀在无意之中把自己推得离对方更近了。同时，这种姿势使他与对方身体成某种特定的角度。这对他的约会有好处，在贴近距离的同时，他的动作将被视为不那么具有侵略性。

在紧张激烈的氛围中，两个人往往会面对面争吵，就像老电影里的枪手一样。这是非常激进的姿态。这就是为什么当第一次见到某人时，在握手之后，我们应该稍微往后退一些，然后调整一下身体朝向，不要直面别人。这种肢体语言可以告诉对方："我不是敌人，我们可以成为朋友。"

09. 声音低沉

在说服他人或引导他人行动时，你的语气扮演着非常重要的角色。如果一个人声音高亢、响亮到了刺耳的程度，那肯定是不寻常的。如果他们的声音在正常范围内，会给人一种一切还好的感觉。你在约会时的语气怎么样？要知道，通过降低音调和音量，会发生两件事：

1. 为了听清你说的话，对方的身体会向你靠近。他们会探过身子，甚至把座位挪得更近；
2. 低沉的声音会诱发对方的大脑分泌催产素。

催产素是一种肽类激素，新手妈妈第一次抱孩子时，大脑会分泌这种物质。它也是巴里·怀特（Barry White）浪漫情歌的灵感源泉。

当你降低音调，则表明你正试图与另一个人建立联系。然而，不要做得太过，否则听上去会如同在威胁恐吓对方。

10. 在桌下晃腿

人们对晃腿的印象不是很好，觉得它是在紧张、说谎、害怕、焦虑等状态下才会有的表现，认为它不该出现在约会中。它确实可能预示着这些，但我们也必须将行为放到特定的情境里面去分析。

比如左侧小图中的男生，统观他其他的行为，他应该是没有什么压力可言的。根据他的表现，我更倾向于相信晃腿是因约会而兴奋的一种表现。

假设他的腿本来没有晃动，只是在女孩子问他有没有触犯过法律（或是诸如此类的背景问题）时，才开始晃起来，而在问题回答完之后，他的晃腿又停止了，那确实值得怀疑。恐怕女孩应该多问一些这个主题的问题才好。

如何在约会时
使用积极的肢体语言

实际上，约会就是由若干段个人展示组成的一个有机整体，对于初次见面的两个人来说尤其如此。约会双方使尽浑身解数，想给对方留下一个完美印象。甲会故意挺直脊背，把声音压低，显得富有磁性；乙会集中精神，努力使自己显得被甲说和做的一切事情所吸引。无论一方做什么，另一方都会觉得饶有兴致。这是一场心理的乒乓游戏，感情在你来我往之中慢慢升温。

随着约会慢慢进行，参与者可以做一些事情，让自己无论在感觉上还是在表现上都更加自信。每个人的需求不同，对有些人来说，他们行动越少，就显得越成熟，越有控制力；对另一些人来说，他们越是保持眼神交流，看起来越放松，就越能表现出吸引力。当对方提问时，大家的答案往往会脱口而出。我的建议是，在回答问题之前应该先停顿半分钟左右。这样做给人的感受是，这个问题已经得到了仔细考虑。这听上去可能没什么大不了，但确实能给人留下深刻的印象。

距离的把握也是非常微妙的。约会者不应该过于害怕侵犯对方的空间。当然，我并不是说要立刻牵住对方的手。只是在恰当的场合，可以向对方靠近一点。比如，一起看电影时，一起排队时，一起参加社交活动时，或者是在一起等着过马路时。不要害怕彼此贴近。只要彼此都有感觉，这小小的空间入侵不会有任何问题。

警惕：
约会进展不顺利的表现

相信每一个人都有过约会进展不顺的体会。糟糕的感觉随时都可能涌现，可能发生在刚见面5分钟，可能在进入饭店落座以后，也有可能在你的前菜正吃到一半的时候。无论时间如何，总会有一些不对劲的情况发生，让你意识到恐怕这不是一次令人满意的约会。现在让我们来快速回顾一下那些可能被我们忽视的信号。事情没有往好的方向发展，说不定你早就应该意识到了。

一开始，你可能会看到对方尴尬的笑容。这种笑应该不太容易被忽视，我们都见过的：嘴角上扬挤出一个笑容，但是没有牙齿露在外面，眼睛也没有笑意。这种笑容可能会维持几秒钟。留意观察，在笑容消失之前，你会看到对方的嘴唇向内弯曲，做出抿嘴、撇嘴的动作。这个动作可能非常快，稍纵即逝，但它却是你的约会开始失败的信号。仿佛一架飞机，还没起飞就卡在了跑道上。

接下来，你可能注意到对方在避免和你发生眼神交流。也或许，只是稍微碰一下眼神，然后又迅速避开了。在眼神碰到的时刻，彼此的感受是不舒服的。你的两只手可能都藏在桌子底下，或者有一只放在下面，另一只笨拙地抓着酒杯或者餐具。你一直在抛出很好的问题，但总是得到简短的回答，而且对方不是若有所思地点头，就是在不断地抿嘴。你渴望对方向你提出的问题并没有出现，你越来越觉得自己像个审讯者。

渐渐地，你的提问之间的停顿越来越长。对方的手都放在桌子上，两只手握在一起，手指之间没有多余的缝隙。她的肩膀慢慢垮下来，半耷拉着，变成了卡西莫多走向钟楼楼梯时的姿势。尽管你一直保持热情，对方却不断地审视着房间，迫切地想知道你身后发生了什么。

我敢打赌，不久之后对方就会说："不好意思，我要去下洗手间。"然后一去就是10分钟。你在心里嘀咕："嗯……说不定她去外面的某个地方找洗手间去了？"再过一会儿，你看到她回来了，边走边把手机收起来。这时你应该意识到了——象征约会的飞机，与其说刚刚坠毁，不如说已经在跑道上烧了半个小时了。

01 一边眉毛扬起
02 无精打采的姿势
03 拇指和食指抵住脸颊
04 上唇的一侧微微抬起
05 上臂建立屏障
06 长时间闭眼
07 卖弄姿势，顾盼自雄
08 打哈欠
09 脊背僵直
10 脚尖指向门口

（图8）

080　社交氛围感

01. 一边眉毛扬起

眉毛能够暗示各种各样的情绪，这点我们已经学习过了。约会的时候，你会希望在讲话时看到对方的眉毛立起来，这样你就知道对方确实在认真倾听。你讲到狗狗跑丢了，可能看到对方皱起眉头，这说明他在情感上面认同你。你又讲到有次运气好，买彩票中了 100 块钱，此时或许会看到对方眉毛扬起，露出笑意。眉毛随着谈话内容和情感内容的变化而变化，这是十分必要的，你可以因此对交谈的进展有一个相当好的了解。

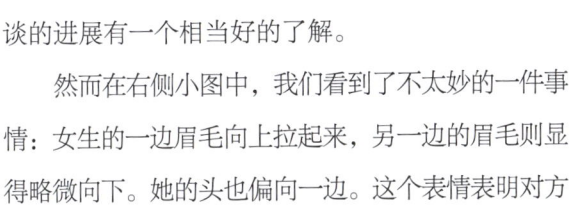

然而在右侧小图中，我们看到了不太妙的一件事情：女生的一边眉毛向上拉起来，另一边的眉毛则显得略微向下。她的头也偏向一边。这个表情表明对方对正在讨论的话题并不感兴趣，或是感到疑惑。

02. 无精打采的姿势

在两人互有好感时，我们常常能观察到模仿行为。比如，一个人向右倾斜，另一个人也渐渐开始向右倾斜；一个人用两只胳膊肘抵住桌子，另一个人也会逐渐摆出同样的姿势。

不仅如此，模仿行为还会影响腿部动作和躯干。躯干又塑造着人体各式各样的姿势。在保持关注时，人通常会坐得相当笔直，甚至变得僵硬。通过不同

第 4 章 约会中的信号

的姿势，既可以表示尊重，也可以展现蔑视。

在图8中，我们看到女生的姿势非常懒散，这是一种厌烦、不尊重的表现，当然她很可能是无意的。如果两人情投意合，女生在非常放松的状态下摆出这个姿势，那么男生很有可能也会变得懒散。但她此刻的这种姿势，再加上她种种肢体语言的表现，已经很明确地告诉我们一切就要结束了。

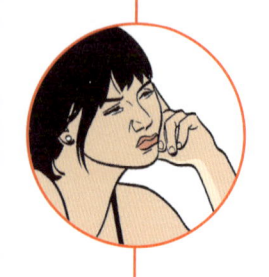

03. 拇指和食指抵住脸颊

这通常是一种下意识的举动。无论是兴奋还是压力，各种刺激都有可能让我们换成这个姿势。虽然不能判定它代表的情绪，但我们可以肯定，有些事情正在发生！

在左侧小图中我们可以看到，女生正在用拇指和食指撑着自己的脸颊和太阳穴，一脸的不耐烦。这表明她在听一个她一点都不喜欢的人说话，和他在一起，她感到压力很大。但她不得不保持耐心强撑下去，在这期间，其他一些不耐烦或不安的迹象也会流露出来。

乔·纳瓦罗称此类行为为"面部凹陷"，它描述的是一个人用手指甚至钢笔或铅笔，把自己的脸或嘴的一边向内抵时的样子。和所有安抚情绪的动作一样，"面部凹陷"有助于舒缓压力，无论这压力是观看体育赛事产生的，还是观看孩子在校园舞台初次登台亮相造成的。当人陷入沉思时，或是在做出重大决策之前，这种动作都可以被捕捉到。

04. 上唇的一侧微微抬起

虽然早在19世纪末，达尔文就提出了世界各地人类的面部表情是相通的，但直到20世纪60年代末70年代初，这一说法才得到论证。科学家保罗·埃克曼和他的团队通过研究证明，至少有7种普遍存在、世界通用的表情：

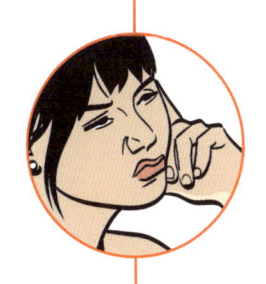

1. 愤怒
2. 喜悦
3. 悲伤
4. 厌恶
5. 恐惧
6. 惊讶
7. 蔑视

每一种表情都对应特定的面部肌肉。右侧小图中女生上唇的一侧向上翘起，是一个很明显的轻蔑的表情。有时，这种表情明显到房间里的每个人都能注意到；有时，它又是如此微妙，来去非常迅速，需要一面放大镜和一部慢动作摄像机才能捕捉到。如果你在约会中看到这样的表情，便是时候结账离开了。

05. 上臂建立屏障

记得有一回，我接到一位风险投资家朋友打来的电话，他告诉我他们最近向一家初创公司投资了220万美元。但是因为出现了一些奇怪的苗头，他们希望我能和对方公司的首席执行官谈一谈，帮助他们做出判断。于是，我就和这位首席执行官在律师办公室见了面。当我问到关于这笔投资的细节问题时，他端起一杯咖啡，把杯子放在桌子上，隔在我们两个中间。我们又谈了一个多小时，他慢慢地把纸、笔等越来越多的东西放了出来。

会议结束的时候，我俩中间除了一些常规物品，还出现了一部大型会议电话、他的手机和他的手表。为什么他会表现出这么奇怪的行为？因为他想要和我保持距离，因为我提出的问题一针见血，让他感到很不舒服。在图8中，我们可以看到这个女生的行为也是这样。她用她的手臂作为屏障，想要和她无聊透顶的约会对象分隔开来。

06. 长时间闭眼

所谓"眼不见为净"，当看到令人不快、恶心或讨厌的东西时，我们可能会本能地闭上眼睛。有时我们甚至会用手捂住眼睛，以便和厌恶的对象保持距离。当听到坏消息时，有的人也会这样做。这种行为被称为"视觉阻隔"。图8中的男生就属于这种情况。他眨眼时,眼睛在无意中闭得太久了,这足以见得他是多么不喜欢他的约会对象。

实际上,哪怕是天生失明的人,在听到一些坏消息时也会下意识地去用手捂住眼睛。当听到人们生动地描述粗鄙的情景时,他们也会闭上眼睛。这就说明,这不是一种习得性行为,因为他们肯定没有见过别人这么做。但是研究人员也还没有发现这种行为背后的奥秘。这是一个关于先天与后天行为讨论的非常有趣的例子。

07. 卖弄姿势,顾盼自雄

如果事情进展顺利,自我欣赏也没什么不好的。假设你参加一场会议,进入会议厅时你看到对方正了正领带或调整了一下服装,你会觉得对方很尊重你,也很重视你们的谈话。它让你明白对方是在尽力地想要给你留下个好印象。

然而,有些时候自顾自地整理形象是非常不合时宜的。比如在法庭上,法官请你陈述观点。你一边宣称自己无罪,一边从衬衫上扯下一根头发,或是掸了掸肩膀上的灰。这些行为会让别人觉得,对这场庭审、对法官、对这个法庭,你都没当回事。

在右侧小图中,我们看到男生一边在回答对方的问题,一边在整理衬衫的领子。他没有看向对方。

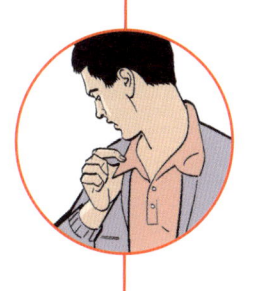

第4章 约会中的信号 085

这不仅显示了他的轻视，更像是一种对轻视的炫耀。

08. 打哈欠

大家可能都觉得，打哈欠有且只有一种明晰的含义，就是这个人感到疲惫，想打瞌睡了。的确，绝大多数情况下这是正确的解读。然而，也存在一些特殊情况。

打哈欠可以完成若干种不同的任务。例如，如果你发现自己处于紧张、压力状态下，你会不自觉地打哈欠。这是因为你的肌肉收缩，身体僵硬，大脑判定你需要更多的氧气。又或者，当小朋友们觉得热时，他们也会打哈欠。因为空气可以通过口腔，穿过喉咙进入肺部，有助于降低他们身体的温度。

在图8的约会场景中，男生打哈欠是因为他对女生谈论的话题不感兴趣。他并非有意，只不过是因为无聊却又不能离开而感到被束缚。如果你也被强行要求坐下来听一场你完全不感兴趣的讨论，大约7分钟后，你也可能不自觉地打起哈欠来。

09. 脊背僵直

僵硬的姿势背后可能有多种原因。如果你坐在过山车上，尤其是当它就要从最高点开始向下飞驰时，你的身体会难以自抑地绷直。那是因为你的边缘系统正在高速运转。同样，如果突然有人跑来告诉你说，你妈妈在街上被打劫了，你的身体也会一瞬间绷直，因为你的愤怒值正在飙升。

人处在压力状态下时，背部和颈部的肌肉往往都会变得紧绷。彼时我们的大脑努力让身体保持正常状态，同时疯狂地思考如何以最快的方式结束眼前的困境。结合刚刚提及的其他非语言线索，我们知道男生根本不喜欢眼前的约会对象。

从另一个角度讲，如果约会进展顺利，他们的姿势也应该趋同。然而男生只是僵硬地坐着，没有让这一切发生。这表明他们两个其实并没有来电。

10. 脚尖指向门口

海豹突击队有许多关于人类行为分析的训练，其中之一就是如何通过观察团队成员的脚来分辨团队的领导者。我们也可以这样做，只需要注意一下大多数人的脚都是指向谁的。被指向的对象就是团队的焦点，他是他们感兴趣的、想要倾听的人。这个人极有可能是团队的领导者或具有话语权的人物。人的脚往往会指向他们感兴趣的人或场所。

如果一个派对上，一个男生过来同你和你的朋友搭讪，他的脚指向了你而没有指向她，这表明在他心里你更有吸引力。如果他的脚对着门口呢？那说明他正打算离开，马上就要找借口闪人了。右侧小图中女孩子的脚没有指向男生，而是指向门。对她来说，约会就要结束，她想要离开了。

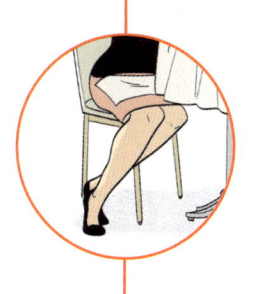

在约会中，
如何巧妙运用肢体语言

挽救一场糟糕的约会并不像你想象的那么难。我甚至给审讯人员做过训练，帮助他们给被审问的嫌疑人留下好印象。

为什么这么做呢？碰到不配合的嫌疑人，他只需要说"我要找律师"就可以结束和你的对话。因此，你必须说服他喜欢你，或者至少不让他觉得不舒服，这样他才愿意配合调查。我们需要嫌疑人的大脑释放催产素、5-羟色胺和多巴胺，利用这些"快乐激素"来打动他们。

利用目前为止我们所学到的知识，在约会中我们也能做到这一点。

场景一：你是女方

→ 当你的约会对象讲话时，缓慢地深呼吸，试着开始微笑。在你微笑时，他的神经细胞也会变得兴奋，他会不自觉地绽开笑容。

接着，慢慢地让你的头向一侧倾斜，激活我们之前提到的亲昵的眼神（卧室眼神）。把前额的头发别到耳后，即便你留的只是短发，也要轻轻捋一捋头发。眼睛向下看一看桌子，然后再把视线转移到对方身上。对方一定会吃这一套，可能很快，也可能过几分钟，他一定会给予回应。相信我，这种成功我已经见证过无数次了。

场景二：你是男方

→ 在你的约会对象讲话时，慢慢把身体向前倾，露出微笑，保持眼神交流。女生也会回你以微笑。稍稍低头，告诉她你正在听她说的一切。不要晃动身体或者做出多余的动作，让她明白你的注意力全都在她身上。到你讲话时，声音要保持低沉，但不要太刻意。如果对方眉毛挑起，或者做出场景一中提到的动作，说明约会十分顺利。

第5章 面试场景中的肢体语言解读

　　面试往往给人以紧张、焦虑等印象，也是人生中非常重要的场合之一。正因如此，解读肢体语言的能力是至关重要的，无论是面试官还是面试者都应该具备。错误地理解对方释放出来的信息，既会让企业错失人才，又会让面试者错过绝佳的工作机会。

　　比如说，有一位面试者来参加面试，大约过了10分钟，他长长地叹了一口气。面试官捕捉到了这个动作，心想："他怎么心不在焉的？也太不把面试当回事儿了吧！"

　　然而面试者会叹气只是因为他当时对面试的感觉和走向都很乐观，紧绷的心终于稍微放松了下来。不过，他的确也注意到了面试官皱了下眉头，这下他刚放下的心又悬起来了。他想："糟糕，他不喜欢我。我完蛋了。"他开始露出恐惧的表情,并迅速调整坐姿来调整自己的状态。

  不巧,这个动作又被面试官看到了。面试官认为,他这么害怕一定是被问题问得无所适从了,也就是说,他根本不知道怎样去完成工作。为了不浪费时间,最好还是结束面试,赶紧叫下一个人进来。就这样,这位面试者被请走了。他惶惶地走向车库,不断地回忆着这究竟是怎么回事。为什么明明感觉还不错,但结果似乎很糟糕?早知道就不穿这件夹克了……面试的结果可想而知。面试者甚至不知道自己为什么没能得到这个机会,而对方也丝毫不知道他们错过了什么。

面试进展顺利时的表现

没有什么比一场顺利发挥并最终如愿取得工作的面试更爽的了。但你是否也有这样的经历：明明临场发挥的感觉不太好，却莫名其妙地拿到了录用通知书？之所以会有这种感觉和结果上的不一致，是因为有一些关键的肢体语言信息从你的眼前溜走了。请注意，想要完美地解读面试过程中的肢体语言，从见到面试官的那一刻开始就要留心观察。最开始往往也是面试官最中立的时候，随着你们开始交流，对方也会开始显露情绪。在这个过程中，任何行为上的变化都会引人注目。

当面试官开始发问时，注意观察：他们的头是否稍稍偏了一些？是不是有一侧的耳朵稍稍转向了你？你在回答时，是不是每隔几句话他就会点点头？他们的眉毛是不是稍稍皱起？如果你看到了所有这些行为，那很好。这说明他们在倾听，在关注，想要更好地了解你。过不了一会儿，你可能会看到他的眉毛向中间收，眉头往上翘，这说明他正在思考。保持头部微微倾斜状态下的皱眉并不是件坏事，一两分钟以后，他的眉毛自然就会舒展开。这些都是进展顺利的表现。

你也可以用微笑试一试面试官的反应。不是那种夸张的笑，那会显得非常不合时宜，而是那种缓慢的、不显眼的微笑。你可以控制微笑的幅度，开始时很小，然后逐渐放大。为了引起面试官注意，你可以故意放慢这个过程。这将会给对方带来一种积极的情绪，他会逐渐喜欢你，甚至模仿你的动作，还你一个微笑（这源自一种古老的审讯技巧）。

如果你们聊得投机，你会观察到对方的身体向你倾斜。他想要靠近你，是因为他对你越来越感兴趣。当距离足够近时，你可能会观察到他的瞳孔都开始放大了。这是个有意思的现象，当人观察吸引他们的人或事时，这种情况就会发生。

对方被你吸引，是因为他们看到了你和眼下这份工作的高度契合，以及未来在公司发展的无限可能。你最好还能看到对方环抱双臂，甚至摸摸自己的脸。没有什么比这更好的信号了。做这些动作时，他们虽然还在听你讲话，但一些沉

03 频频点头

02 礼貌的微笑

04 放松的坐姿

01 双手交握

05 身体紧挨桌子

（图9）

重的内心对话也在同步进行。他们开始思索那些套路以外的问题，因为他们在你身上看到了其他的潜质。

你能看到面试官的脚吗？它们朝着哪个方向？人的脚会指向关心或感兴趣的人和地方，如果它们正指向你，说明你已经吸引了他们的全部注意。面试进入尾声，如果你看到对方打开环抱的双臂，把手臂放在桌上，用手肘抵住桌子，把双手交握在胸前，那么往往，面试官只剩最后一个问题要问。这便是每个人都希望听到的问题："那么，你什么时候能来工作？"

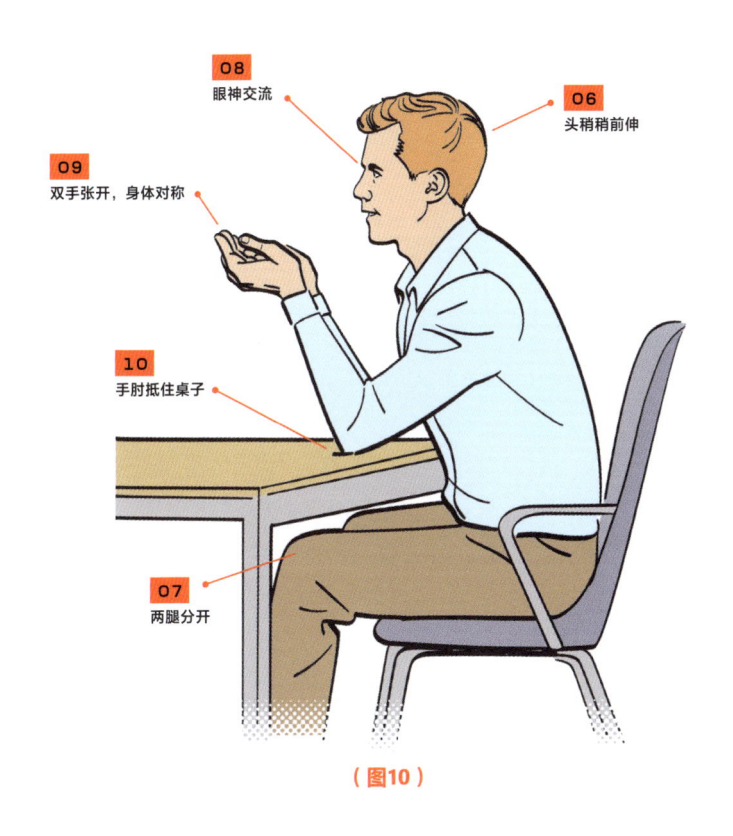

08 眼神交流
06 头稍稍前伸
09 双手张开，身体对称
10 手肘抵住桌子
07 两腿分开

（图10）

01. 双手交握

　　学习人际沟通相关知识时，我们经常听到与手有关的诀窍，因为它们在其中扮演着非常重要的角色。手可以告诉我们一个人的说明性行为的力度有多强或多弱。它也可以向我们展示各种各样的调适性行为，让我们了解所观察的人的压力水平和心态。手甚至可以用作屏障。如果单独看图 9 中的手，我们很可能将它错误地解读成屏障，因为它看起来确实很像一个人在试图保持距离。然而，有一些细节在告诉我们，这位女士并非在因压力而制造距离，而是对对方相当感兴趣。

　　仔细观察她的手，她的手指之间有足够的空间，这表明她很放松。双臂拱起，两手交握，说明她自信而有主见。手稍稍向后倾斜，置于下巴下方，意味着她把注意力都集中在了面试者身上。

02. 礼貌的微笑

　　看到面试官的微笑是非常好的兆头，恰当、适时的微笑承载着友好的力量。但如果面试官一直挂着莫名的笑容，则要么是他精神上有问题，要么是他感到内疚——他知道你要被淘汰了，所以对你表现得很友好。这种情况并不常见，万一被你遇到，我建议你立刻表示感谢，然后离开。

笑容通常发生在你们刚刚碰面，或者当面试结束，你起身准备离开时。其余的时间，你充其量会看到礼貌性的微笑。这种笑容不会让你有对方高高在上或傲慢之感，它能让你明白对方正全情投入、认真倾听，并且对你很感兴趣。

如果看到微笑短暂地消失了几分钟，也不必担心。面试官关注的是你讲话的内容，一旦他们做完分析和回应，笑容就又会回来。同样，出于友好和礼貌，你最好也能在面试过程中保持微笑。

03. 频频点头

一个好的倾听者常常使用的动作就是点头。它能让人明白沟通是有效而愉悦的。当面试官随着谈话的进行一面微笑一面微微点头时，你就可以放心了——他对你很满意，你就是这场面试的主角。

当你看到对方在点头时，你很有可能会模仿他，这是一种情难自已的表现。而当双方都在点头时，共识正在逐渐达成。这就意味着你很可能成为他们的最佳候选人。另外就是，点头有助于听者保持注意力，这也可以为你提供更多的自我表达的时间。

当然了，也不要一直点头。只需要在恰当的时刻给予对方回应就好。整场面试下来，这样的机会可能只有两三次。只要时机把握恰当，你会惊讶于面试官对你表示善意的程度。

04. 放松的坐姿

如果对放松的坐姿没有概念，去看一下坐在咖啡厅里的那几对朋友就知道了。身体前倾、微微俯身、双手放在桌上等都是身体放松的表现。驼背并不是，驼背更多是在表示不适或无聊。

在你面试时，你对面的面试官很有可能就摆出了这样的姿势。或许你会觉得这种姿势显得有些轻蔑，感觉对方对你在说些什么并不感兴趣。可这种想法是错误的。放松的姿势不代表着懒散和轻视。左侧小图中的女士很好地展现了这种姿态。

如何区分懒散与放松呢？懒散的人通常会驼背，给人一种萎靡不振的感觉。他们有可能把身体歪向一边，或者把手放在膝盖上，耷拉着肩膀，头向后仰而下巴前倾。而放松的姿势给人的感觉是轻松愉快的，手通常会放在可以看到的地方，另外还有之前谈到过的虽然微小却不容易忽视的微笑。

05. 身体紧挨桌子

在分析前总统克林顿在新闻发布会上的动作时，我们曾解读过他的屏障行为。图9中的女士身体靠着桌子的状况看似也属于这种姿势，其实不然，这其实是一种非常好的信号。

如果你的面试官被你讲话的内容吸引,他会在保持放松姿势的同时不自觉地靠向你,也就是说,更加靠近桌子。

这种靠近不是一气呵成的,很可能是一点一点进行的。直到你和他之间,除开桌子以外几乎没有任何多余的空间。

当对方有这一系列动作时,你可能会琢磨:我是不是也应该给予回应,也向前靠一靠才是?请听我说,没这个必要。你就保持原来的状态就好,以不变应万变。如果你的动作反而使对方意识到了自己的行为,那事情就尴尬了。

06. 头稍稍前伸

头前伸可以表示多种含义,比如你对眼前的情境注意力高度集中,或者你正在期待一些答案。在面试过程中,你可能会注意到面试官在提问时头稍稍向后缩,接着向前伸或偏向一侧,这表明他们十分期待你的答案。这种动作是十分正常的。然而,如果你在给出答案时向后缩头,就会显得你有些傲慢,颇有些居高临下的意味。

在作答时,看到面试官伸头或侧头是非常好的现象,这说明他们的注意力全部都在你身上。你也可以把头微微前倾,就像右侧小图中的面试者那样。虽然有时前倾会给对方压迫感,但如果在回答

问题时恰当地这样做，有助于你更好地抓住对方的注意力。

07. 两腿分开

参加面试最好不要跷二郎腿或交叉双腿，而是应该把双脚都放在地板上。这不仅有助于保持挺直的坐姿，还可以使肢体语言变得更对称、更协调。这些能够给人稳定、专注、笃定的印象。

我在给面试者做培训的时候，做的第一件事就是让他们坐下来，让他们向我展示他们心中理想的面试者的姿态。在我看来，正襟危坐是非常重要的。我们还会进行面对面的模拟面试，我会纠正他们从呼吸到起身离开的每一个细节。

也有的时候，面试官会要求你放松。他可能会说"我们就聊聊天，你不用紧张"。在这种情况下，你可以展现出放松的一面，可以交叉双腿，但尽可能保持对称仍然很重要。

08. 眼神交流

面试时的眼神交流可以告诉对方你很自信，你对将要发生的一切做好了充分准备。我们常听到有人这样说，"当他对你讲话时，似乎整个世界就只剩下你一个"。这是因为这个人用了恰当的眼神交流。

相反，不恰当的眼神交流会给对方造成不适。比如，长时间地盯住对方，眼睛都不眨一下。这种十分具有压迫感的动作会刺激对方的边缘系统，引起别人的警惕心理。

所谓恰当的眼神交流，就像对页小图中的男生所做的一样，是温和而持续的。在保持眼神交流的时候，不要面无表情死气沉沉，偶尔皱一皱眉毛，扬一扬嘴角，让对方知道你在认真听。在停止眼神交流时，不要让对方觉得过于突兀。这些听起来可能没什么重要的，但别忘了，眼睛是会说话的，眼神交流的正确与否很可能就是胜败的关键。

09. 双手张开，身体对称

无论你是和一个人，还是和1500个人交谈，张开双手的手势都是非常有力的工具。在图10中，我们可以看到能够抓住面试官注意力的非常完美的姿势，那就是对称。

无论是在广告、艺术、自然风光中，还是世界上一些美丽、英俊的面孔上，对称的美是普遍存在的。在我们提到过的7种普遍的面部表情中，有6种都是对称的，只有一种是不对称的，那就是轻蔑的表情。

在回答问题时，如果面试者能用手势、坐姿等创造一个对称的姿势，则有助于保持面试官的注意力。可如果一不小心做得太过,这种姿势就会变得非常奇怪,但为自己创建一个隐形的框架是十分重要的。比尔·克林顿的框架设置在了他的胸部到肚脐之间,他的大部分手势都是在这个框架中完成的。马克·鲍登(Mark Bowden)提出了一种"真理平面"的东西,也就是与肚脐平齐的水平平面。他建议手部动作都在这个平面上完成。

10. 手肘抵住桌子

这种姿势可以告诉你两件事:

1. 当事人对正在讨论的话题非常有信心;
2. 对于谈话双方而言,他占据着主导地位。换句话说,他正在解释或告诉他人一些细节。

手肘通常不会一坐下就抵到桌子上,也并非永远不会移动,这是一件必须巧妙处理的事情。有可能发生的事情是,这个人会先固定住一只胳膊说一会儿话,然后固定另一只胳膊,构成一个对称的动作。左侧小图就是一个很好的例子。

当双肘都抵住桌子时,我们常常可以看到双手并拢,形成一个小尖顶。这个动作并不傲慢,而且足以显示出当事人坚定的自信。

面试进展不顺时的表现

你是否有过这样的经历：明明觉得这份工作手到擒来，却在面试两周后接到通知，公司另选他人？这是一种令人伤心却很普遍的现象。所以我们需要了解，在面试过程中，会有哪些因素给你亮起红灯，让你知道事情进展得并不顺利。

最容易被观察到的就是那种懒散的姿势，它就像着火的房子一样显眼，即使隔得很远也能看到。犯懒的时候，整个人的状态无精打采，流露出悲伤或失败的情绪。此时头往往是低垂着的，因为人感受到了威胁。边缘系统介入，把下巴放在脖子前面来保护脆弱的喉咙，抵御潜在的威胁。同时，眉毛会皱起来，这代表了身体或情感上的痛苦。在这种情境下，人们在情感上肯定是不满的。

将注意力转移到嘴巴，我们可能会观察到以下三种情形中的一种。

第一种可能，嘴巴会抿起来，嘴唇完全消失。这符合我们在第3章讨论过的压力状态下的嘴部表现。当事人可能感受到了压力，或正试图把自己的真实想法隐藏起来，用沉默掩饰。

第二种可能，嘴巴是噘着的。当某人不赞同眼前发生的事情、听到的话或被呈现出来的东西时，噘嘴是很常见的。此举很可能意味着，面试官意识到眼前的求职者并不适合这份工作。

第三种可能，嘴唇朝一边噘。这同样是一种不满的表现，说明刚刚发生的事情与他们的预期有所出入。这种表情在高尔夫球场上很常见，当球擦过球洞时，高尔夫球手就会露出这种表情。很明显，他们的力度差了一点点，没有达到预期的效果。

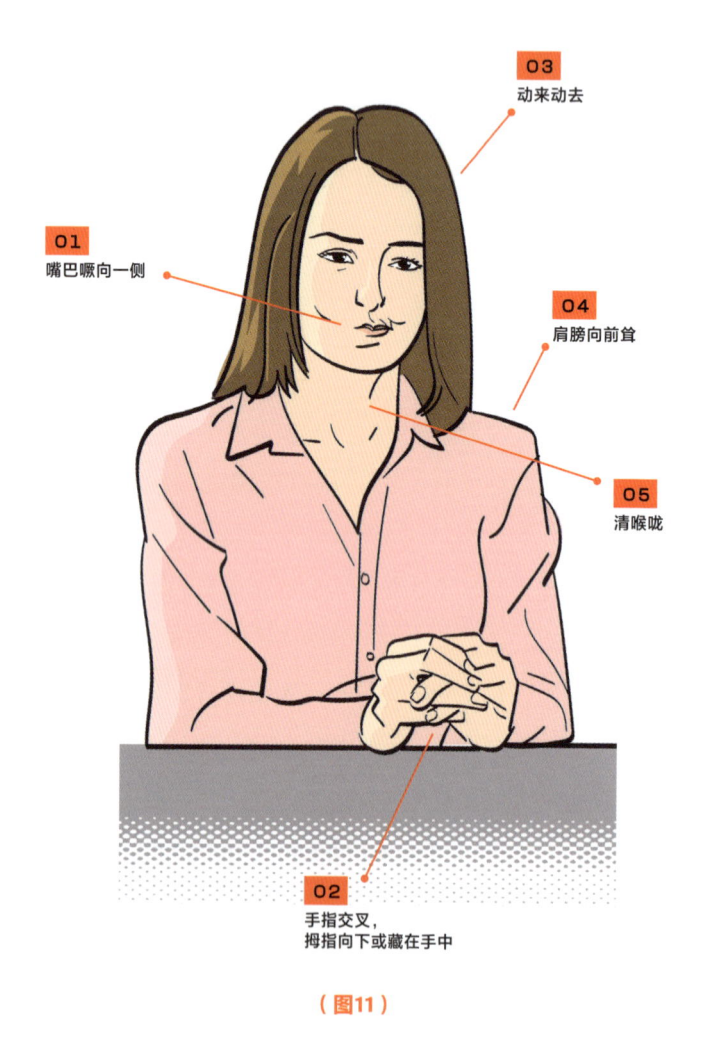

03 动来动去

01 嘴巴噘向一侧

04 肩膀向前耸

05 清喉咙

02 手指交叉，拇指向下或藏在手中

（图11）

07 眨眼频率增加

08 闪躲的眼神

06 噘嘴

09 鼻孔张大

10 双手交叉，手握某物

（图12）

第5章 面试场景中的肢体语言解读

01. 嘴巴噘向一侧

每当看到噘起的嘴巴，我们都可以相当自信地假设当事人对眼前讨论的话题有疑问或有异议。嘴巴噘向一侧也是同理，但它更侧重于结果与预期的不一致性。

让我们以观察保龄球新手为例进行说明。在把球甩出去之后，你可能会看到他们的嘴巴快速地噘向一侧，动作夸张到足以改变他们的整个面部表情。可想而知，这一击并不如意。同样的道理也适用于职业保龄球运动员。他们会刻意保持冷静，但在错过一个至关重要的击打时，这个表情也会跑出来。在左上方小图中，面试者感觉面试不如之前所希望的那样顺利，因此她的嘴巴噘起来了。

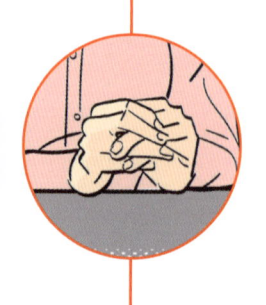

02. 手指交叉，拇指向下或藏在手中

双手紧握且手指交叉，表示这个人对当前情况的处理缺乏信心。如果是像左下方小图中那样手腕并拢，拇指被藏起来，那程度就更加严重了。不仅表示低自信，还代表羞愧或恐惧。这种恐惧并不预示着担心遭受人身伤害，当事人担心的是救场的机会为零。

在解读肢体语言的过程中，这种手势可能是人们最后才会留意到的。为什么呢？因为一般来讲，我们的观察顺序都是自上而下的。先是头部和面部表情，然后是颈部，再来是肩膀和手臂。并且，不同的动作之间是有联系的。在观察时，我们也会将它们累加起来进行判断。所以在沿着手臂向下观察时，我们的大脑还在分析面部表情。之前的信息会不断地输入，直到我们做出最终的判断。

03. 动来动去

我会刻意训练学员去观察在会议或聚餐时，哪一个人动作最少。动作最少的人通常是团队中的领袖，或是在该场合占据主导地位的人。这种结论适用于董事会、午餐会、谈判等各种场合。当动作最少的人在做有限的几个动作时，他们所展现的会是稳重的、目的明确的姿态，这会给人一种专注的、有自控力的感觉，让别人不自觉地关注他们、倾听他们讲话。

相反，当你看到某人在不断地调整坐姿或者动来动去，则表明他不舒服，可能是很难接受当下讨论的内容。在感到面试进行得不如意时，面试者会考虑很多事情。他们很可能会对接下来该说什么和该做什么进行不同的设想，来让局面好起来。也或许，他们已经完全放弃了，并且开始考虑起了其他机会。不管出于什么原因，面试者此时都会有很多的小动作冒出来。

04. 肩膀向前耸

如果我要求你提出请求时表现出失望或沮丧的样子，你肯定会皱起眉头、低下头、垂下肩膀，像是一个不被允许在饭前吃饼干的6岁小孩一样。

当一份工作面试进展不顺利时，同样的情况也有可能会出现，但程度会轻得多。垂下的肩膀表明他们正在或已经失去信心。当他们的肩膀向前向下垂时，他们的躯干也倾向于向前和向下弯曲，这就会形成一种奇怪的错觉——他们似乎看起来变得更矮了。这在此种情况下非常常见。随着面试者逐渐丧失信心，他们可能会慢慢地把自己缩进椅子里，肢体动作会变得越来越少。而且随着面试继续，他们的回答会变得有气无力，十分简短。他们的肩膀不断向前耸，向下垂，自信心的缺乏也变得越来越明显。

05. 清喉咙

人在喉咙有异物的时候会清一清喉咙，这是十分正常的，听起来也不会奇怪。如果当事人正在讲话，他可能不得不因此中断并且向对方道歉。清喉咙的动作往往会持续数次，如果不奏效只能靠喝水来解决。这种情况我们应该都经历过。

还有的时候，清喉咙是紧张的表现。比如说

谎或是事情进展不顺利时，喉咙似乎莫名其妙变得干燥、发痒。在紧张状态下，清喉咙的动作来得更频繁、更短促有力。它不像正常的清喉咙那么大声，而且每隔15秒至20秒或每分钟就会发生一次，同时基本上当事人是无意识的。如果接受面试者有这种动作，则说明他们很紧张，知道事情进展并不顺利。

06. 噘嘴

右侧小图中的女士嘴巴噘得很明显，这表明她对讲话的内容有异议。我们都很熟悉小朋友在生气或者愿望没有得到满足时噘嘴唇的样子，这二者并没有什么不同。然而，随着年龄增长，人会越来越懂得控制自己的面部表情，不让别人一眼就能看透我们的心思和感受，噘嘴也变得越来越克制。

在不涉及人身攻击的文明的对话中，几乎不会有像小朋友噘嘴那么夸张的动作冒出来，就算噘嘴也是不足以引人注意的程度。即便动作很夸张，也会在很短的时间内被隐藏起来。右侧小图中女士噘嘴的程度已经很明显了，说明她对情况感到十分不满意和不能接受，很可能已经决定不会录用眼前的面试者。

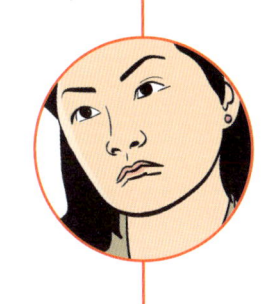

07. 眨眼频率增加

在图12所示的情境中，当面试官眨眼频率增加时，很可能表明她已经有了打算：面前的这个面试者不符合她的期待，她不会雇用这位面试者。这时候，面试官难免会去想下一个面试者是谁，会开始分神。不一会儿，她会感到有些不舒服，因为即便心里已经有了打算，也不得不出于礼貌再坐几分钟听对方讲话，而这完全是在浪费自己的时间。她不想表现得粗鲁，会尽量找一个合适的时间结束谈话，以便安排后续的工作。

眨眼频率增加的另一个可能的原因是面试者无意中冒犯到了面试官，她可能提到了一个让对方感到不舒服的话题，而面试官正在试图控制自己的反应。也或许，话题的走向让面试官感到越发有趣，她正在思考接下来要提出的问题。

08. 闪躲的眼神

眼神交流是任何人都可以练习的非常强大的技能。只要以某种特定的方式凝视对方，就可以令对方感到愤怒，产生猜忌，自我怀疑，与你互动，甚至告诉你一些根本没有打算告诉你的事情。

在一场面试中，面试官不仅会注意你表达的内容，而且会对你的表达方式感兴趣。尤其是在压力面试中，能自信地表达自己的观点非常重要。

如果你回答的内容和方式令对方满意，你会观察到他们的眨眼频率变慢，他们会想要注视你。这是因为他们的大脑想要尽可能多地吸收关于你的信息。关注吸引我们的人和事物，这是人类的天性。然而，如果你发现面试官眼神闪烁，每隔几分钟就看向你的身后、窗外或电脑屏幕，那就说明一定有哪里不对劲了。

09. 鼻孔张大

鼻孔张大给大多数人的印象应该是愤怒或咄咄逼人。当紧张情势升级，状况越发指向暴力时，你肯定能注意到这个表情，比如剑拔弩张的辩论场、波士顿马拉松比赛现场、精彩的拳击比赛等。这代表什么？它表示着大脑正被供给着额外的氧气，同时肌肉在为即将爆发的局势做准备。

还有一种情况是在鼻孔张大的同时，嘴唇紧闭牙关咬紧。这说明这个人正试图隐藏一些信息。他们有话想说，但碍于局势不能说，或是在等待合适的时机说。在这个面试场景中，面试官的表情可能就有这层含义。她认为面前的候选人不符合职位要求，但她需要等待合适的时机才能告诉对方。

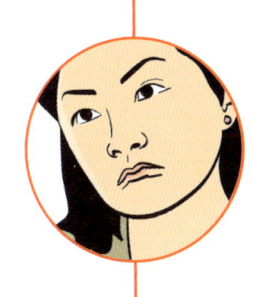

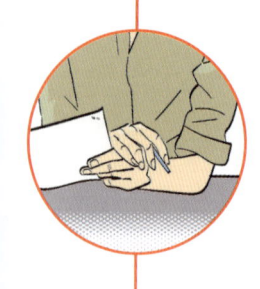

10. 双手交叉，手握某物

这种动作说明面试官对面试者的回答不满意，或者他们想要听到更多。这不是一个好迹象。不仅如此，他们还用手、胳膊、手里握着的纸等制造障碍。

在左侧的小图中我们可以看到，面试官的右手放在了手腕上方的位置。一般来讲，当一个人对他的交谈对象有积极的感受时，他们会把手腕露出来。而手腕被遮住时，就说明反响不是很好，也就是该图中的这种情况。不仅如此，面试官还可能把手臂伸开，把纸放得离他们更远，仿佛它是什么脏东西似的。如果这份资料是面试者的简历，那此情此景或许应该是面试官所能表现出的最糟糕的非语言暗示了。这表明他们希望它离自己越远越好。这一点，包括刚刚提到的几点负面暗示加起来，表明这个可怜的面试者今天不能如愿以偿了。

如何积极推动面试

有时可能直到面试结束，你才会意识到把事情搞砸了。尽管我们已经一起讨论过了许多表情和动作暗示，但是如果不在面试一开始就留心观察，线索还是会被我们无意忽视掉。而当你通过解读肢体语言，知道情况正在变糟时，或许还有补救的方式。例如，当你看到面试官噘起嘴，很可能表明他不同意你表达的观点。也许你正在叙述自己的工作方式。为了挽救，你可以补充说："我以前一直都是这样做的，但是现在，我的方法会更加妥当……"接着再迅速组织出一种更恰当的说法。如果面试官正以两只手作为屏障，那不妨用一些小窍门。这个窍门是我最好的朋友重案组警探杰森教给我的。你可以给面试官一些东西，任何能够让他们动手的东西都可以。这样就可以从物理上打破屏障，趁这个机会，进一步交流。

如果你看到张大的鼻孔，可以试着慢慢地深吸一口气，然后等对方说话的时候缓慢地呼出。这样做的同时，慢慢地露出一个示好的微笑。这样对方的镜像神经元会被激活，他也会以微笑回应。在微笑的时候，张大的鼻孔会变回正常。（微笑是万能的。如果你不记得其他技巧，缓慢地微笑准没错。）

如果你注意到对方的眨眼频率增加，说明他们正在努力地快速思考。要把对方从当前的思路中叫出来，可以向他提出一个问题，虽然时间有限，但也请尽量明智提问。总而言之，当面试进展不顺时，不要惊慌，在90%的情况下，你都能够把它拯救回来。

第6章 职场中的肢体语言

工作场合汇聚着不同性格、不同地域的人。无论你是对肢体语言感兴趣的人,还是身为这个领域内的专业人士,这都是绝佳的机遇。办公室的人越多越杂,这份机遇就越是精彩。有些性格内向的朋友,不得已必须和人互动;有些脾气暴躁、性格专横的人,总是大声讲话……诸如此类的场面不断上演,对于非语言交际的爱好者来讲是非常有意思的。

每家公司应该都会有所谓的"八卦能手"和"精英人士"。我最喜欢的场面之一,就发生在八卦能手和精英人士分享八卦的时候。有时八卦能手会吹嘘自己当上总裁之后会如何如何,这个时候精英会用各种面部表情和身体动作来表示自己的不屑,而对方却完全视而不见。

还有就是公司里的最佳员工。他们业务能力很强,但也不见得能把握非语言交流的线索。有时他们和合作方开会，把新项目介绍得细致而详尽。可临到会议结束，对方还在问一些很基本的问题，此时他们自然会大发雷霆。然而如果他们一早知道对方噘起的嘴巴和歪着的脑袋意味着什么，或许还能节省一些时间和精力。总之，职场中的肢体语言也是十分重要的，不懂会带来误解，而理解了基本的解读技巧就能让每个人的职场生活都更加愉快。

职场中的基本性格

职场里有很多不同的性格类型。不同的公司也会有不同的文化风格。但有一些共性是可以概括的，我们可以将其分成几类"经典"性格，比如无聊型、内向型、八卦型、乐观型、脾气暴躁型、权力导向型、我行我素型、氛围鼓吹型、无事生非型、与人为善型、表面朋友型等。其中有一些很容易发现，另一些则需要时间观察。你很有可能首先发现那些表面朋友，他们就像是超市迎宾员和邮差的结合体。他们看到你时会笑脸相迎，亲切友好地问候你，但他们对每个人都是一样的，仅此而已。

八卦能手是我的最爱，无论别人谈论什么、提出什么、做了什么，他们都能知道，并会告诉你如何做得更好。他们本质并不坏，只是有时过于爱管闲事。同时，这类人身上会有很多自信的表现。

记得和他们搞好关系，因为他们的传播力和影响力是不容低估的。权力导向型尤其会利用这一点，因为八卦得来的信息能够帮助他们实现知己知彼，从而完善他们的策略。无事生非型的人也会利用八卦能手挑起事端，引起人与人之间的矛盾。

乐观型的人是最受人喜欢的，他们总是充满正能量，对周围的事物都有很好的评价。他们会面带微笑，在你得意时为你鼓掌或拥抱你以示祝贺。他们的职场生活惬意舒适，如同自己的私人生活一样。

脾气暴躁型的人与之恰好相反。他们天生有一种愤世嫉俗的气质，十分看不惯乐观型的人；这也不完全准确——他们几乎鄙视周围所有的人和事。尽管如此，他们的业务能力是一流的，因此老板也会容忍他们。

无聊型的人只会关注自己感兴趣的东西。如果你没有第一时间发现并远离这种人，那你可能也会度过无聊的一段日子。他们会热衷于输出观点，叙述时手势夸张、声音低沉。但他们的表达几乎没有什么激情。

我无意冒犯任何一种性格，每一种性格类型都各有优劣。我们只需要知道大家都有共性。花一点时间来反思一下你是否属于这些类别中的一个……因为其他人也会从这个角度出发去考虑。

无事生非型的人

每个办公室都会有热衷制造事端的人,这些人喜欢煽风点火,制造麻烦。倒也不是说他们能掀起多大的风浪,只不过是会制造诸多烦人的问题。比如:他们会在周五拿走大部分的百吉饼,用来周末回家享用而不顾及他人的感受;或者,他们从来不会去帮忙把咖啡机重新装满。无论是老员工还是新人,男性还是女性,公司里总归会有这样的一个人出现。

这种人是非常会看别人眼色的。你会注意到在会议开始前他们就在会议厅后面晃悠,他们通常是最后一个坐下的人。如果有食物,那在整个会议期间,他们的嘴巴都不会停下来。虽然没安什么好心,但他们的表现不同于即将行窃的扒手。扒手会躬身走路,手和手臂尽量缩紧以让自己看起来更不起眼。而无事生非型的人的表现是非常醒目的。你可能还会注意到,他们在观察房间时,只有眼球滚动,头部是静止的。他们不会偷,不会抢,只是静静地等待制造事端的机会出现。

缺乏自信型的人

寻找缺乏自信型的人时，你会发现这样一个规律：你要么第一眼就能发现他，要么就要等到最后才恍然大悟。在职场中发生一些需要给予回应的情况时，我通常会格外关注那些最后才响应或有所动作的人。这些"最后时刻"能够让你抓住别人的性格。比如，公司需要一个消防演习的志愿者，或者休息室里有为每一个人准备的蛋糕。那些最后起身的，有可能是缺乏自信型的人。

缺乏自信型的人不想要吸引他人的关注。除非绝对必要，否则你不会看到他们进行直接的眼神交流。而且他们很少与人发生肢体接触。我的意思是，他们不会主动和人击掌，在进出电梯时，会避免与人擦身而过。他们在介绍自己时不会主动握手，服装风格也是单调、单一的。只有在他们心情比较好的时候，你才可能会难得看到他们穿亮色的衣服。

闷闷不乐型的人

对于感到不快乐或不满足的员工，你首先会注意到的就是他们对工作中的大部分事情都缺乏投入。他们的面部表情也一样是闷闷不乐的，嘴巴偶尔会噘起来。这些动作都表明他们对目前想说或要做的事情有所保留。在工作或商务会议中经常迟到也是一个典型的标志。而与人闲聊时，他们的话题通常会集中在老板或公司有多糟糕，或是吐槽某位同事上。

消极的情绪会对一个人的语言和行为产生影响。在他们不喜欢的老板或主管说话时，你可能会看到他们的白眼。因为对工作缺乏投入，他们要么会偷懒，要么会偷偷做其他工作来寻求更好的报酬。他们还会主动提及自己令人担忧的财务状况。

有些情况是需要格外留意的，那就是当他们传达出厌世或是有关暴力的信息时，要关注他们的心理状态，有必要时，需立即向人力资源部门提出你的担忧。

乐观型的人

乐观型的人在工作中会表现得和蔼可亲，他们用愉快的语气说话，不仅是面谈时，在电话中也是如此。他们会穿着亮色的衣服，而且搭配得体。通常情况下，他们的肢体语言幅度很大。他们愿意敞开心扉与人交谈，主题通常是愉快而又积极的，往往与家庭和家人有关。

像这样心态良好的人还会主动为人服务，分享早餐，并在特殊场合带贺卡或零食来分享。如果他们的工作空间是一个小隔间，他们通常会在看向外面时保持微笑。在扫视工作区域和会议室的时候，他们的眉毛会一直向上翘着，并会找合适的时机与人联系和交谈。不论是在公司用餐，还是外出聚餐，他们都会是人群中重要的一部分。另外，他们的办公区域会非常干净、整洁，会有照片，也许还有一两盆植物。在节日到来时，也会有精致的装饰。

权力导向型的人

对渴望权力的人来说，规则至关重要。他们会遵守规则，也会希望他人能照章办事。他们会阅读相关的书籍，使得自己对"领导力"能够有很好的理解，这也是为什么他们显得有些专横。他们会穿和老板相似的衣服，如果老板常穿正装，那他们也会如此。这样的人是不会介意眼神交流的，并且每一天你都能听见他们不止一次地提到老板的名字。

在他们心中，自己不久之后就肯定能得到晋升。为了显得更加专业，他们会以先生、女士等称谓来尊称同事。同级的同事做完汇报之后，他们甚至会以领导的姿态告诉别人继续努力。偶尔，也会以同样的语气问候别人：今天有没有努力工作？报告完成得怎么样？与这样的人相处，最简单的就是安抚好他们的自尊心。

如何在职场中展示自信

职场人的类型和风格有许多。融入他们，与其融洽相处并非不可能。但有时自信心的缺乏会让事情变得有点困难。如何使用肢体语言和非语言暗示来巩固你的自信呢？

1. **眼神交流。** 直接的目光接触是最有力的方式之一。不要害怕眼神交流，也不要害怕别人打断这种交流。有些时候，你也需要结合讲话内容，时常中断眼神交流，这样你看起来才不会像个神经病——没关系，只要确保在视觉上有联系就好。
2. **声音洪亮。** 你说话的声音一定要大到让人听得清楚。如果不习惯如此，你可能需要适应一段时间。但这也总好过别人叫你大声说出来。
3. **微笑。** 即使只是一个小小的微笑，也表明你接受一切、拥抱一切，一切都很好。
4. **确认自己的空间。** 我在培训老师们时，常常提醒他们去关注不经常向四处张望的孩子。这些孩子不"拥有"周围的空间，而这意味着害羞和不安全感。不要害怕环顾四周，不要害怕去确认自己的空间。
5. **与人交谈。** 跟周围的人友好地交流。试着主动打招呼，向他人问好。占得先机主导谈话，这是自信的表现。

你可以使用的提示还有很多，但以上5个会让你在工作场所变得自信。

投资推介会上的肢体语言

2011年至2017年，我曾是纳什维尔企业家中心的常驻企业家。在那段时间里，我培训了数以百计的企业家，帮助他们向投资者进行宣传。实际上，直到现在我还负担着这部分工作。我培训过的企业家们通过投资推介会获得的投资总额达到了4.8亿美元。

投资推介会，也叫"可投资演讲"，它的关键在于演讲者在过程中使用的肢体语言。相信我，肢体语言是具体的、有策略的。这是一种战无不胜的工具，甚至在与潜在投资者面对面交流之前就可以发挥作用。

出于同样的原因，投资者和风险投资家们会聘请我来观察企业家们的演讲活动，并让我根据我所观察到的肢体语言给出看法。这个创业者是否诚实，是否值得信赖？他能否做到言必信，行必果？他们真的相信自己所表达的理念、产品或服务吗？

在谈到具体的融资金额时，他们的肢体语言在传达着什么信息？他们是否自信，是否肯定？他们的音量如何？在解释财务报表的可行性时，他们的目光是如何流转的？是投向首席财务官身上，还是在投资者之中游离？这些都是非常值得思考的问题，每一种表现都有其对应的含义。

结论是，如果这位演讲者谈到财务状况时，脚步后撤或身体向后倾，则表明他对此并没有十足把握，当然，也不一定是在撒谎。而如果他的眼神转移到了财务总监身上，那么情况很可能是：他这部分的信息是从财务总监那里获取的，具体的细节，他并没有做过计算。

有诸多元素可以表明，眼前的这位演讲者，这家初创公司的首席执行官，对财务状况并不十分了解。有些人可能会说这种现象对初创公司不利，确实，但还需要排除一种情况：这些不自信的表现，也可能是因为他们担心自己没有给出最合理、最精准的方案。

可以通过提问来更好地了解他，单刀直入地提问："你自己了解公司的财务吗？"（请记住，他们应该了解。因为他们是首席执行官，这是他们工作的一部分，更何况是身处如此重要的场合中。）如果他回答："我不是特别了解。但相信我们的首席财务官迈克可以回答这方面的一切问题。"这也无妨，至少表明他是诚实的。

如果首席财务官走上前来，你开始提问，但他的视线每隔几分钟就会瞥到首席运营官身上，那就有点解释不通了。这是他的专业领域，为什么还要看向别人呢？ 在推介会上，肢体语言可以建立信任，也可以破坏信任。让我们来仔细看看这两种不同的行为表现。

01 身体挺拔而不僵硬

02 眉毛上挑

03 头伸直

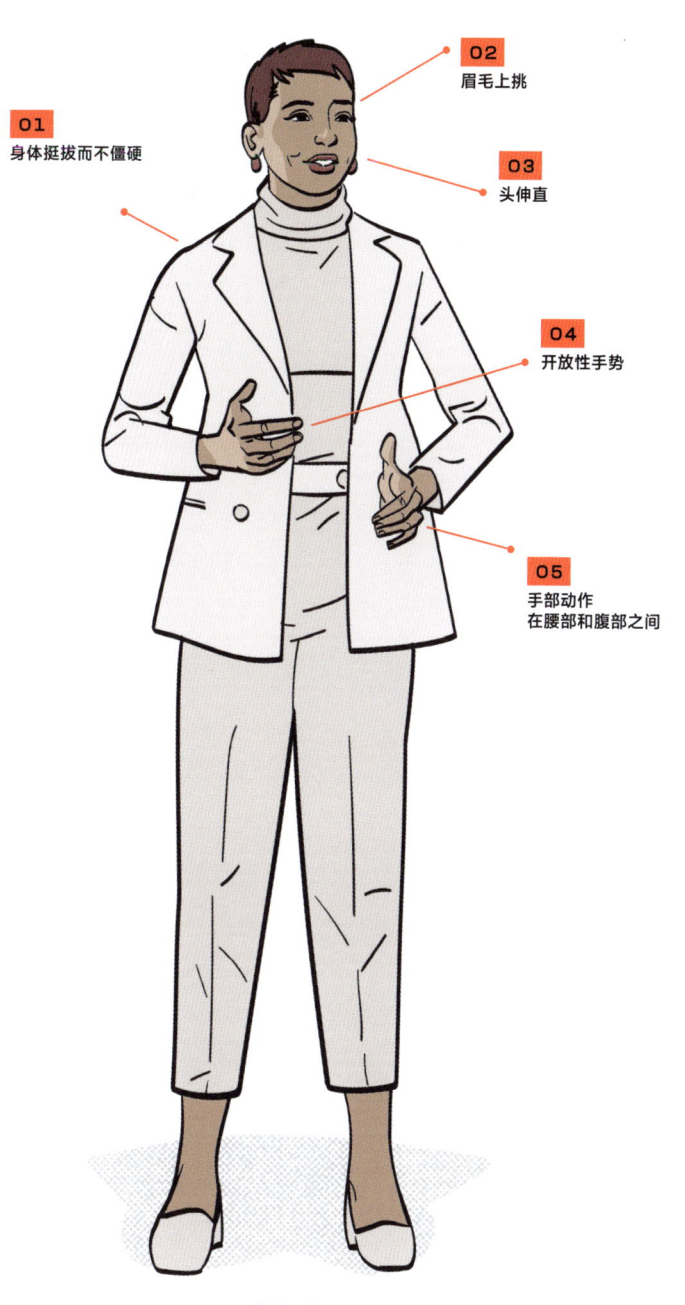

04 开放性手势

05 手部动作在腰部和腹部之间

（图13）

第6章　职场中的肢体语言　　127

01. 身体挺拔而不僵硬

推介会上，良好的姿势是十分必要的。但这并不意味着背部要挺得像扫帚柄一样笔直和僵硬，恰当才好。试图说服投资者或合作伙伴采纳你的想法和计划，应该是人生中最需要恰当姿势的场合了。

自信的人往往体态很放松，这一点可在成功企业家的演讲中观察到。如果他们看起来颤颤巍巍，作为听者，你的脑海里就会不断地响起警报，直到你不想再听下去。姿势僵硬的人，身体移动起来会显得不真诚、很勉强。想要身体挺拔而不僵硬，关键是掌握呼吸的要领。快速吸气，缓慢吐气，尽可能深呼吸。多练习几次，你会达到想要的效果。

02. 眉毛上挑

正确使用眉毛也是推介会成功的关键之一。眉毛上挑能够以一种微妙的方式引起别人注意。这就像是你在便利店遇到了熟人，虽然你们离了三排货架那么远，但你会挑挑眉，快速点头向他示意。

这是一种打招呼的方式，你向他问好，甚至都不需要张开嘴巴。

在推介的过程中，我建议演讲者每隔两分钟左右随机挑选一位投资者，然后对他眉开眼笑，但不要点头。这会向投资者传递一个信号：他想了解我，我想我可以相信他。当然，这不是一种思考之后的想法，只发生在潜意识中。如果你作为听众捕捉到了这种信号，说明企业家试图与你建立联系，进而推销他们的想法。

03. 头伸直

演讲者负责陈述想法，向听众阐述事情的原委。而头歪向一边是"我在听"的暗示。在阐述过程中，不建议演讲者轻易歪头。

在推介会上，演讲人的头和身体必须尽可能地对称。这体现了平衡，能够给人一种控制和掌控的感觉。头向后倾斜是致命的，因为这会给人一种令人生厌的傲慢的印象；而头向前倾，通常是一种侵略或屈从的表现。这两种姿势和背后的态度都是不可取的。如果你真的是傲慢或屈从的人，那么投资者也会以相同的方式在其他场合对待你。人们并不乐见他人屈从的模样。他们需要的是倾听进而做出理性判断，并不是被台上的演讲者所取悦。

04. 开放性手势

每讲到一个场景时，我们都会介绍手部动作。这是因为不同风格的手势和其他肢体语言相结合，对肢体语言的强度有加成。使用开放性的手势，能够让你在整个演讲过程中掌控局面。

在演讲中，重要的是要确保手指之间留有一定的空间。我们曾经在判断约会是否进展顺利时讨论过这个问题（见第74页）。手指之间的空隙会让你知道演讲者处于放松的状态，对发言准备充分，对自己很有信心。当手指之间有空隙时，指尖和手掌之间也会有空隙。

需要注意的是，这种手势并非必不可少，人们不会因你在演讲时没有使用张开的手势而将你判定成骗子或诈欺犯。只不过，这种手势确实有助于创造一个开放、诚实、融洽的氛围。

05. 手部动作在腰部和腹部之间

手部动作的重要性不言而喻，在许多种不同的情况下，我们都可以使用它。观察世界上最厉害的演讲者讲演时，你会发现他们有高达八九成的手部运动是在腰部和腹部之间这个区域完成的。

奇妙的是，无论来自哪个国家，成长于哪种文化背景，大家都会在这个区间里面做手势。

我们会认为有这种动作的人是值得信任的。原因是，在打手势时，他们将身体的大部分暴露了出来。这表明他们没有武器、无所隐藏，也不怕会被环境伤害。另外，这些动作也遵循了对称性。

想想看，那些登上TED舞台的演讲者，无一不在使用张开的手势。请记住，对于企业家以及演讲者来说，演讲就是一场"大推销"。使用具有说服力的肢体语言暗示——尤其是张开的手势——是他们演讲成功的关键。

如何正确解读你的年终总结谈话

"打工人"对年终评估都不会陌生。这与资历无关，无论你这份工作是做了一年还是十年，老板都会给你做年度回顾。你需要回答很多的问题，作答时，你肯定希望自己传达出来的信息能让人得出积极、正面的评价。这时解读肢体语言就派上用场了。你需要解读老板发问时的非语言行为，才能确定他们真正的立场和感受，并最终做出适当的回应。

在这场谈话中，肯定会有关于你的工作失误的问题。在他们提到这个话题时，有没有直视你的眼睛？手臂和手有没有移动？面部表情有没有任何变化？如果答案是肯定的，那这可是个大问题。他们对于这个问题做足了准备，正密切关注着你的反应。

有些老板喜欢提前准备问题清单，有些是普遍问题，适用于所有员工，还有一些是针对每个人的不同问题。如果是那种每人都要回答的问题，往往是不会花太多时间的——通常用"是"或"否"就可回答，他们会在你离开之后进行核对。对于那些开放性问题，我建议你用"少即是多"的方法来回答。在这个环节里，提问的速度是很重要的。

如果他们只是十分迅速地问问题，而且头也不抬，说明这些问题没什么重要的。而如果他们盯着问题，然后停顿，接着抬起头来向你提问，那这个问题就很重要了。他们期待你能给出一个好答案。这时你就可以用我们前面讲过的技巧——端正姿势，运用开放性手势，让自己看起来尽可能对称。

在你答完之后，他们可能边点头边说好，然后继续下一个问题。也有可能，他们的眉毛会扬起来，嘴角也会向上翘。这是很好的回应，说明你的回答与他们的期待相匹配。你也可以以一个微笑回应，这样会加深他们的良好印象。

在最后的总结环节，你可以进一步地了解这次谈话的结果是否令人满意。如果对方的评论十分简短，没有过多的语言，也没有特别的眼神交流，说明有一些地方在困扰着他们，结果自然不尽如人意。而如果对方以坚定的眼神交流、放松的身体姿势、张开的手指、大方的微笑和低沉的声音作为回应，那么你真的可以期待一下来年的好事情了。

01 扑克脸

03 良好的眼神交流

05 声音低沉

02 身体、手臂、双腿对称

04 胸部展开

（图14）

社交氛围感

01. 扑克脸

扑克脸是电影里面会出现的经典表情。当危机涌现时，主人公沉着冷静，面不改色。此时的面无表情传递着一种自信，观众就会明白，眼前这个人知道自己处于什么样的境况，并且肯定能够化险为夷。

然而，始终没有表情也是十分诡异的。如果在谈话过程中有一方持续摆出扑克脸，不透露任何表情，另一方在10分钟之内就能感受到。这会令人生厌。因此，每隔5至7分钟就展露一下微笑是很有必要的。不需要太久，保持15至20秒就好。这种善意的信号有利于让对方感受到真切的情感，显得更加容易接近。

微笑应该是伴随着讲话自然产生的。不要停下来盯着对方笑上15秒，人家会觉得你疯了。在讲话的间隙微笑，然后笑容可以适当绽开，慢慢变大。对方会感受到你积极的情绪，被激活的镜像神经元也会开始模仿动作，以微笑回应你。

02. 身体、手臂、双腿对称

对于一个领导者来说，姿势的对称性是必不可少的。身体站直，双脚分开与肩同宽，手臂伸展，头伸直，这是有信心的领导者的体现。我们曾在第

50页讨论过常见于警察、军事人员、格斗家等的跨步姿势。

在做汇报时,你也必须采用这种姿势。正确的站姿彰显了你强大的信心。双腿不能打开得太宽,否则会显得很傻;反之,又会显得平淡无奇。所以尺度的把握十分重要。另外一点就是,在需要表达自信时再采用这种姿势,其他时刻可以稍微放松些,以防给别人一种霸道而又傲慢的感觉。

03. 良好的眼神交流

与缺乏自信、底气不足的人交流时,你会率先注意到的一点就是他们非常不擅长用眼神交流。无论如何,眼神接触都是一个不确定的话题。如果没有足够长时间的眼神交流,对方会认为你可能无法胜任当前的工作,或者那不是你的兴趣所在。如果你盯着他们看太久,他们又会认为你很有攻击性,因而对你感到抵触。这又涉及"度"的问题。如何把控这个尺度呢?我只能说,这是一种感觉,而且你是完全可以感觉到的。当正确的感觉来临的时候,你就会知道那样做是对的。"疯子"没有共情的能力,因此人们会对他们目不转睛的注视和令人毛骨悚然的眼神产生深刻的印象。而普通人觉知正常,能够在恰当的时间获得感应。

04. 胸部展开

你和最好的朋友一起吃过晚饭，原本应该直接回家的她因为不小心把钥匙落在了你家，陪你一起回到了住所。你打开房门，房间很黑，静得吓人。你慢慢走进去。在你正要摸到电灯开关的时候，忽然有人大喊："生日快乐！"接着所有的灯都亮了。那一刻你的动作是什么？肯定是双臂抬到胸前，含胸以保护心脏和肺部。这是下意识的反应，人人如此，因为这是边缘系统的指令。

但是在做个人陈述时，你不会用双手护住胸部或脸部，就像防备别人向你扔东西一样。那样的动作不仅会让你看起来很奇怪，也会让对方忘记你到底在说些什么。尽管放心地把你的手放好，展开胸部，在潜意识层面告诉别人你并不害怕。你不仅对当前这种情况有信心，对别人也充满信任。

05. 声音低沉

当身体的其他动作都做得足够到位时，获得胜利的最终一步就是语气和音量了。多数人认为，只要说话清晰响亮，足够让人们听清就可以了。这话不假，但缺乏要领，就像是你采访奥运会速度滑冰金牌得主的取胜秘籍时，对方告诉你，只要滑得快就可以了。所以，什么才是适当的音量呢？

能够用自信的语气同他人交谈是一门艺术。这是可以练习的。试着用丹田吐气,而不是扯着嗓子胡乱地叫喊。沉着、冷静,而不要大喊大叫。没有什么比能让在座所有人都听到和理解的坚实语气更能显示一个人的信心的了。而这只需要一些练习。

如何分析公司会议

就观察肢体语言来说，公司会议绝对是充满趣味的场合。根据公司的规模，参加会议的人数可能略有不同。但无论如何，一些小团体成员、领导者、权力导向型的人、乐观型的人……形形色色的人，以及相对应的具体的肢体语言，在这个会议中都会出现。

首先，让我们来观察一下领导。他们做动作时，躯体表现是流畅而有目的性的。我的意思是，在整场会议中，你不会看到那些微小的、快速的、不沉稳的动作，这些动作往往只会出现在年轻人或者新人身上。老板的动作是最少的。他们不会像雕像一般一动不动，但每一个动作都是意味深长的。在过往的经历中，你可能已经观察到了这一点，但未必了解背后的内容。

接下来，坐在领导旁边的通常是二把手，或者也叫"右手边的人"。比如首席执行官旁边通常是首席运营官。如果大老板有事不在，那通常便由他们来主持会议。和领导一样，你也不会在他们身上看到过多的身体动作，他们会保持冷静，除非必须发言的场合，否则不会有太多话要说。在需要发言时，他们可能会用一个眼神或举手来示意，得到批准后，他们就会讲话。

资深员工在提出问题或做陈述时，会保持恰当的音量，并且会直入主题。发言时，他们的手会放在桌子上，有些人整个前臂都会压在桌子上。你可以观察到与新员工相比，他们占用了桌子上的更多空间。这是因为整个区域是可延展的。换句话说，在旁人说话、摆出身体动作时，他可以选择要不要给他人挪出一些空间。而对于领导（首席执行官、首席运营官）而言，他们的空间会被笔记本电脑、记事本或文件夹占据。这个空间是大家公认的不可侵犯之地。

公司新人大概率保持低调，不会给自己加戏，除非被点名了。参加这种会议的机会对他们来说很重要。他们会坐直，把脚放在地板上。你可能在会议期间观察到，他们时不时地整理衣着，尽量保持自己的"专业"。而这种巨细靡遗的状态，在工作8至10个月后就会慢慢减弱。

01 眯眼睛

02 手掌打开

03 前额皱起

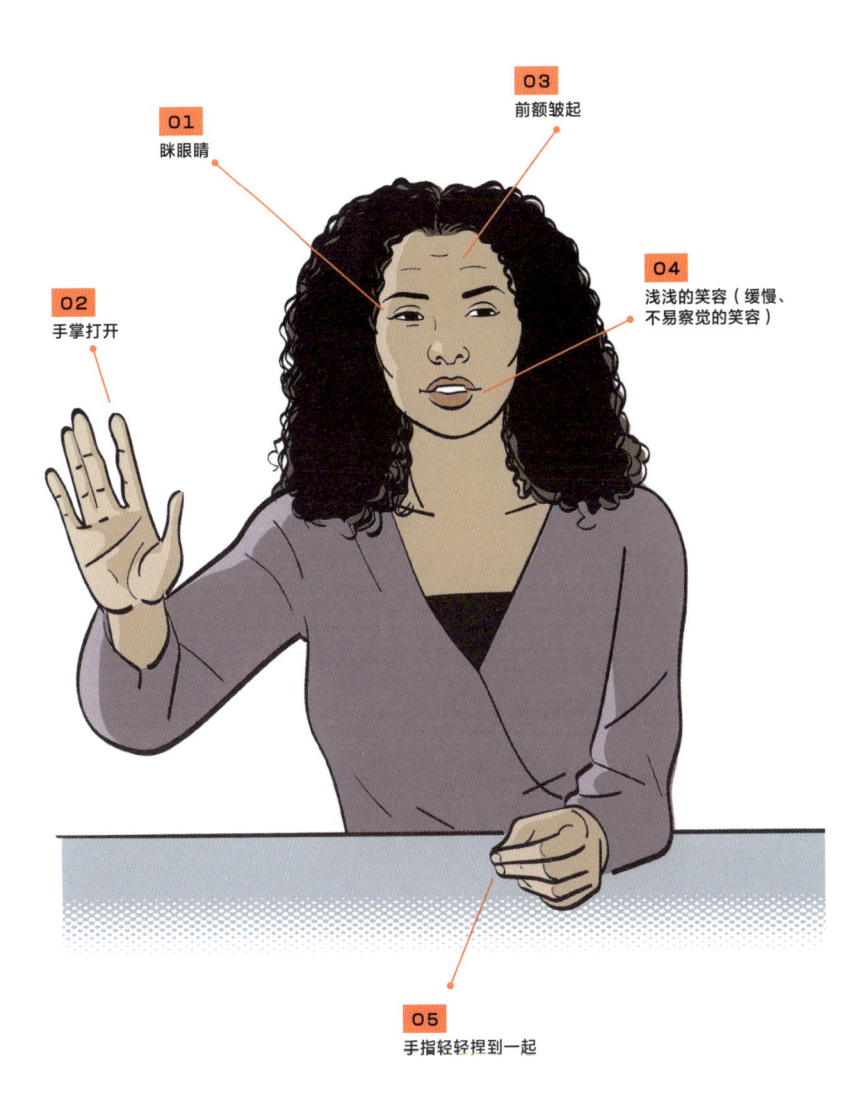

04 浅浅的笑容（缓慢、不易察觉的笑容）

05 手指轻轻捏到一起

（图15）

第6章 职场中的肢体语言

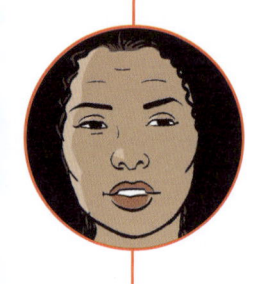

01. 眯眼睛

一个人眯眼睛可能意味着几种不同的情况。有可能是看到了自己不喜欢的或粗俗的东西，所以才下意识地遮挡起眼部。也有可能是收到坏消息，正在经历痛苦。还有一种可能是努力思考，就像左侧小图中这种情况一样，这是一种好的现象。在交流过程中，当人想要透彻理解对方所讲，对每个词语都极为专注时，就会不自觉地眯眼。就像我们想要努力看清远方的路标时那样。

要达成最后这种判断，同时需要留意这些方面。比如，人的头部应该向一边倾斜，这是一种保持倾听的姿势。还有每隔十几秒钟就会出现一次的缓慢点头。

如果对方眯眼的程度太过，甚至于都看不到眼睛，那就不太好了。那是一种带着深深怀疑或蔑视的表情，不过我相信你能分辨出来。

02. 手掌打开

开放性的手势在这里又开始发挥作用了，不过与前文提到的情况略有不同。在这里，手势是一种调适性动作，它被用来掌控局面，比如阻止某人讲话，让某人为发言做好准备，或者用类似球场上的T型手势来表示暂停等。

我们也可以用这种手势来放慢或加快对话。在本例中，当事人要求暂停讲话，回去讨论刚刚提及的某项内容，并在信息中添加一些重要的内容。这个情况下她的手势不会持续太久。而有时，在人发表意见时，手势是随着讲话内容而持续的，通常时间更久。

03. 前额皱起

额头的伟大之处在于，它让我们即使从远处也能很好地了解一个人正在经历的情感。只要我们能看到他的额头，我们就能知道他是生气、高兴、悲伤、害怕、惊讶，还是正在经历一些其他复杂的情绪。

在这个例子中，我们看到的是前额微微皱起，眉毛向上，这让我们知道这个人在倾听和接收信息。这个经典表情被格雷格·哈特利称为"请示表情"。例如，如果一个孩子问他们是否可以吃饼干，他们的眉毛就会扬起来。当听说"是的，你可以吃一片饼干"时，孩子的眉毛会落回去。

如果我们看到这种前额皱起并眯着眼睛的表情，说明由于新信息或问题的介入，对话有了暂停。

04. 浅浅的笑容（缓慢、不易察觉的笑容）

笑容不论大小，都是现存最有力的非语言暗示。在这之中，微笑是最为复杂的。比如当我们感到情况不妙时，反而会用微笑来暗示自己和别人一切都好。这可能是下意识的，当事人可能都没有意识到他正在展示微笑。

正如我们在前文提过的，在19世纪晚期，法国科学家杜兴·德·布伦发现，真正的微笑和假笑之间有很大的区别：当我们发自内心地微笑时，眼睛两侧会形成小皱纹；当我们看假笑时，是不会看到皱纹的。因此，在这个例子中，我们看到的是真正的微笑。

真正的微笑产生的皱纹虽然很小，但也可以很容易找到，只要你知道如何去寻找它们。

05. 手指轻轻捏到一起

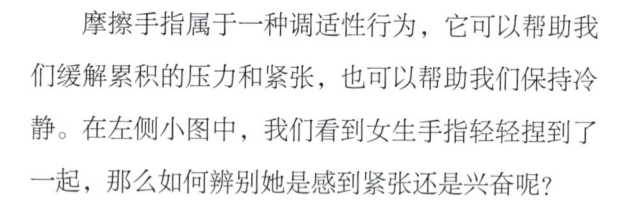

摩擦手指属于一种调适性行为，它可以帮助我们缓解累积的压力和紧张，也可以帮助我们保持冷静。在左侧小图中，我们看到女生手指轻轻捏到了一起，那么如何辨别她是感到紧张还是兴奋呢？

结合观察到的其他非语言线索，可以肯定地说，这是由压力和焦虑引起的。当事人显然是希望流程走得更快一点，也许是已经得到了需要的信

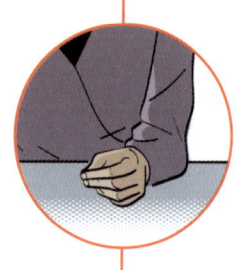

息，或者目前发言的人已经跑题了，她正在找机会打断谈话，但不希望显得不得体或粗鲁，因此，她才有上述一系列的动作。

结　语

　　到现在，你已经对解读肢体语言有了更好的理解，看待周遭也不会再像从前一样了。你可能看到显而易见的欺诈堂而皇之地发生，而人们却视而不见。面对此情此景，你可能会有一种冲动，要把自己所学到的东西和盘托出。我的建议是不要这样做。只要观察并有所体会，便就足够了。

　　现在你知道双臂环抱或耸着肩膀代表着什么意思了。可能有人也会对这些肢体语言有所关注，胡乱地点评他人一番。无论如何，笑一笑、点点头就好。当然，也要适当皱一下眉，假装在了解一些新的信息。要是你看到他人惊慌地采用防御姿态，也无须多言。你要做的只是观察。

　　去买二手车时，如果销售躲避你的眼神，你便知道该及时离开。当老板找你谈话，他身体前倾，抬起下巴，手指交叉时，你便知道很可能有好事要发生……无论何种情况，微笑都是最好的应答方式。

　　现在，带上新掌握的秘密技能去享受生活吧！在它的帮助下让生活添姿增彩吧！

致　谢

感谢我美丽、出色、有耐心的妻子安布尔；感谢我的父母，吉姆·劳斯和玛丽莲·劳斯；我的姐姐艾伦·沃纳；我的哥哥米奇·劳斯。当然还有我的导师、灵感源泉兼好朋友们：格雷格·哈特利、杰森·罗莎莉亚、肖恩·格林特。感谢你们所有人的鼓励、爱和帮助。我还要感谢马克·鲍登和蔡斯·休斯分享他们的友谊和智慧。感谢乔·纳瓦罗，很抱歉给你发了那么多邮件。我从心底里感谢诸位的爱心与帮助。

拓展阅读

图 书

Body Language by Julius Fast

Dangerous Personalities: An FBI Profiler Shows You How to Identify and Protect Yourself from Harmful People by Joe Navarro and Toni Sciarra Poynter

Detecting Lies and Deceit: Pitfalls and Opportunities by Aldert Vrij

The Dictionary of Body Language: A Field Guide to Human Behavior by Joe Navarro

The Ellipsis Manual: Analysis and Engineering of Human Behavior by Chase Hughes

Emotions Revealed: Recognizing Faces and Feelings to Improve Communication and Emotional Life by Paul Ekman

The Face of Man: Expressions of Universal Emotions in a New Guinea Village by Paul Ekman

Find Out Anything from Anyone, Anytime: Secrets of Calculated Questioning From a Veteran Interrogator by James Pyle & Maryann

Karinch

Handbook of Methods in Nonverbal Behavior Research by Paul Ekman and Klaus Scherer

How to Spot a Liar: Why People Don't Tell the Truth . . . and How to Catch Them by Greg Hartley & Maryann Karinch

I Can Read You Like a Book: How to Spot the Messages and Emotions People Are Really Sending with Their Body Language by Greg Hartley & Maryann Karinch

The Most Dangerous Business Book You'll Ever Read by Greg Hartley & Maryann Karinch

The Naked Ape: A Zoologist's Study of the Human Animal by Desmond Morris

Nonverbal Communication by Albert Mehrabian

Organization and Pathology of Thought by David Rapaport

Peoplewatching: The Desmond Morris Guide to Body Language by Desmond Morris

The Power of Body Language: How to Succeed in Every Business and Social Encounter by Tonya Reiman

Telling Lies: Clues to Deceit in the Marketplace, Politics, and Marriage by Paul Ekman

The True Believer: Thoughts on the Nature of Mass Movements by Eric Hoffer

Truth and Lies: What People Are Really Thinking by Mark Bowden and Tracey Thomson

Unmasking the Face: A Guide to Recognizing Emotions from Facial Clues by Paul Ekman

What Every BODY Is Saying: An Ex-FBI Agent's Guide to Speed-Reading People by Joe Navarro

Winning Body Language: Control the Conversation, Command Attention, and Convey the Right Message Without Saying a Word by Mark Bowden

网 站

ScottRouse.com

BodyLanguageTactics.com

TheBehaviorPanel.com

PaulEkman.com

GregHartley.com

DavidMatsumoto.com

Joe Navarro's site: JNForensics.com

Mark Bowden's site: TruthPlane.com

Dr. Albert Mehrabian's site: Kaaj.com/psych

Dr. Nalini Ambady's site: AmbadyLab.Stanford.edu

Uri Hasson's site: HassonLab.com

ChaseHughes.com

参考文献

Allen, Bud, and Diana Bosta. *Games Criminals Play: How You Can Profit by Knowing Them*. Rae John Publishers, 2002.

Babiak, Paul, and Robert D. Hare. *Snakes in Suits: When Psychopaths Go to Work*. New York, NY: ReganBooks, 2006.

Bowden, Mark, and Andrew Ford. *Winning Body Language for Sales Professionals: Control the Conversation and Connect with Your Customer—without Saying a Word*. New York, NY: McGraw-Hill Professional, 2012.

Bowden, Mark, and Tracey Thomson. *Truth and Lies: What People Are Really Thinking*. Scarborough, ON, Canada: HarperCollins, 2018.

Ekman, Paul, and Wallace Friesen. *Unmasking the Face*. Old Tappan, NJ: Prentice Hall, 1975.

Ekman, Paul. *Emotions Revealed: Recognizing Faces, Feelings and Their Triggers to Improve Communication and Emotional Life*. Westminster, CO: Times Books, 2003.

Ekman, Paul. *Telling Lies: Clues to Deceit in the Marketplace, Politics, and Marriage*. New York, NY: WW Norton, 2009.

Fast, Julius. *Body Language*. London, England: Pan Books, 1972.

Hare, Robert J. *Without Conscience: The Disturbing World of the Psychopaths among Us*. London, England: Time Warner Paperbacks, 1994.

Hartley, Gregory, and Maryann Karinch. *How to Spot a Liar: Why People Don't Tell the Truth . . . and How You Can Catch Them*. Richmond, England: Crimson Publishing, 2009.

Hartley, Gregory, and Maryann Karinch. *I Can Read You like a Book: How to Spot the Messages and Emotions People Are Really Sending with Their Body Language*. Career Press, 2007.

Hartley, Gregory, and Maryann Karinch. *The Most Dangerous Business Book You'll Ever Read*. 1st ed. Chichester, England: John Wiley & Sons, 2011.

Hughes, Chase. *The Ellipsis Manual: Analysis and Engineering of Human Behavior*. Evergreen Press, 2017.

Morris, Desmond. *Bodytalk: A World Guide to Gestures*. London, England: Jonathan Cape, 2016.

Morris, Desmond. *Naked Ape: A Zoologist's Study of the Human Animal*. Glasgow, Scotland: HarperCollins Distribution Services, 1977.

Morris, Desmond. *Peoplewatching: The Desmond Morris Guide to Body Language*. London, England: Vintage Digital, 2012.

Navarro, Joe, and Marvin Karlins. *What Every BODY Is Saying: An Ex-FBI Agent's Guide to Speed-Reading People*. New York, NY: William Morrow Paperbacks, 2008.

Navarro, Joe. *Dangerous Personalities*. Emmaus, PA: Rodale Press, 2014.

Navarro, Joe. *Louder than Words: Take Your Career from Average to Exceptional with the Hidden Power of Nonverbal Intelligence*. New York, NY: William Morrow, 2010.

Pease, Barbara, and Allan Pease. *The Definitive Book of Body Language: The Hidden Meaning behind People's Gestures and Expressions*. New York, NY: Random House, 2006.

Reiman, Tonya. *Power of Body Language*. New York, NY: Pocket Books, 2008.

Vrij, Aldert. *Detecting Lies and Deceit: Pitfalls and Opportunities*. 2nd ed. Hoboken, NJ: Wiley-Blackwell, 2011.

图书在版编目（CIP）数据

社交氛围感 /（美）斯科特·劳斯（Scott Rouse）著；吕韦熠译 . -- 北京：北京联合出版公司，2025.
2. -- ISBN 978-7-5596-7735-8
Ⅰ. C912.6-0
中国国家版本馆CIP数据核字第2024F4R661号

Understanding Body Language: How to Decode Nonverbal Communication in Life, Love, and Work
Copyright © 2020 by Rockridge Press, Emeryville, California
Illustrations © 2020 Remie Geoffroi
Author photo courtesy of Johnathan Jones
First Published in English by Rockridge Press, an imprint of Callisto Media, Inc.
through BIG APPLE AGENCY INC., LABUAN, MALAYSIA
Simplified Chinese edition copyright: 2025 Ginkgo（Shanghai）Book Co., Ltd.
All rights reserved.

本中文简体版版权归属于银杏树下（上海）图书有限责任公司。
北京市版权局著作权合同登记 图字：01-2024-3777

社交氛围感

著　者：[美]斯科特·劳斯
译　者：吕韦熠
选题策划：后浪出版公司
出版统筹：吴兴元
特约编辑：曹　可
编辑统筹：王　頔
责任编辑：夏应鹏
营销推广：ONEBOOK
装帧制造：墨白空间

北京联合出版公司出版
（北京市西城区德外大街83号楼9层 100088）
天津联城印刷有限公司印刷　新华书店经销
字数105千字　889毫米×1194毫米　1/32　5.25印张
2025年2月第1版　2025年2月第1次印刷
ISBN 978-7-5596-7735-8
定价：52.00元

后浪出版咨询（北京）有限责任公司　版权所有，侵权必究
投诉信箱：editor@hinabook.com　　fawu@hinabook.com
未经书面许可，不得以任何方式转载、复制、翻印本书部分或全部内容
本书若有印、装质量问题，请与本公司联系调换，电话010-64072833